101 Tips for the Parents of Boys with Autism

写给自闭症儿童父母的101条小贴士

男孩篇

[美]Ken Siri 著

王庭照 译　王丽 审校

 华东师范大学出版社

101 Tips for the Parents of Boys with Autism: The Most Crucial Things You Need to Know About Diagnosis, Doctors, Schools, Taxes, Vaccinations, Babysitters, Treatment, Food, Self-Care, and More

by Ken Siri

Copyright © 2015 by Ken Siri

Simplified Chinese translation copyright © East China Normal University Press Ltd., 2019.

Published by arrangement with Skyhorse Publishing.

All rights Reserved.

上海市版权局著作权合同登记　图字: 09 - 2018 - 385 号

译者序

从学术研究和专业支持的角度来看,特殊需要儿童的成长涉及众多研究领域,虽然从研究对象来看,这似乎是一个小众的问题,但实际上其涉及医学、康复学、教育学、心理学和社会学等众多学科,如果没有众多不同相关专业从业人员的参与,促进特殊需要儿童发展和成长的目标将难以实现;而从社会构成和社会保障的角度来看,特殊需要儿童的成长则足可以说是一个系统工程,如果没有政府及相关社会组织机构的支持和保障,没有诸如医疗卫生、社会福利、教育训练等相关社会领域组织的密切配合及政策和法律保障,该系统工程也难以正常高效地运转。然而所有这些条件和保障,如果缺乏优秀的组织者和引导者,将难以形成特殊需要儿童真正的发展动力,而这个组织和引导的重任毫无疑问是落在家长的肩膀上的,可能是父亲,也可能是母亲,但不管是谁,这个组织和引导者在特殊需要儿童一生发展中一定起着至关重要的作用。

本书作者并非自闭症研究的专业人士,他在面临自闭症儿童生活和学习中出现的相关问题时,很大程度上需要向专业人士求助,在本书中,作者针对如何向专业人士求助和咨询这一问题提出了自己的建议;但是,本书作者实际上也是自闭症研究的专业人士,他是自闭症男孩 Alex 有唯一监护权的父亲，当 2008 年 Alex 和其一起居住时，他拿出了在华尔街工作的专业精神，义无反顾地走上了专业道路，开始了自己全新的事业。从本书所呈现的内容来看，本书作者不仅涉猎了诸如营养饮食、生物医学、教育安置、诊断评估等特殊需要儿童发展的关键性领域和问题，还对自闭症儿童的自我安全、青春期、日常生活看护等相关问题进行了细致阐述，甚至告诉读者如何进行家庭财务及作为自闭症儿童家长的自我发展管理。可以认为，本书作者是一个业务全面，且极具人文关怀的专业人士。但本书作者更愿意承认的身份是 Alex 团队的首席执行官，是与众多自闭症儿童家长有着共同感受和困惑的一份子，由此也更愿意把自己亲身体验和实践，以及从自闭症圈子中其他朋友那里收集到的建议与自闭症儿童家长分享。

本书并非学术大作，只是一本实用的小册子，在阐述相关领域问题时，本书并不注重理论的自洽，甚至本书的总体结构也并非完美，行文上也并不注重文字的优美，但阅读本书对于读者而言依然是一个会有较多受益的体验。理由有三：一是本书作者与读者有着共同的体验和感受，有着共同的困惑和迷茫，本书作者愿意分享自己的经验及辛苦收集来的相关资料；二是本书是真正的行动指导用书，能够围绕自闭症儿童及其家长面临的问题与抉择展开相关问题的叙述，给读者真真正正的指导和建议；三是本书意识到了自闭症儿童发展的真正责任人，并设身处地地为这个责任人考虑，不仅告知其自闭症男孩的问题症结所在及解决之道，还谆谆告诫这个责任人应在着眼于自身发展的基础上，推进自闭症儿童的发展，真正使自己有能力承担首席执行官的重任。

受本书作者的感召,本着与自闭症儿童家长同呼吸、共命运的基本心态,我组织开展了中文的翻译工作,在这个过程中也真切感受到了自闭症儿童家长的所思所想,更感受到了自己作为特殊教育工作者的责任。本书的翻译总体工作由我统筹,我的研究生完成了具体分工任务:刘帅、张沫晗(第1、2、3章)、高瑞莹(第4、5章)、刘华兰(第6、7、8章)、陈静(第9、10章);在完成初稿的基础上,曾经与特殊教育有缘的简捷女士进行了通读并修改了相关章节;我本人翻译了正文以外的其他部分,并对整体翻译稿进行了校对。为了保证翻译的准确性,还特别邀请了陕西师范大学心理学院王丽副教授进行了全书审校,在此特表感谢!

本书的翻译工作断断续续进行了一年有余,原来参加初稿翻译的研究生们也已离校走上工作岗位,希望他们能为我国特殊教育事业的发展做出力所能及的贡献。感谢华东师范大学出版社编辑张艺捷的督促和包容,感谢华东师范大学教育学部贺荟中教授的多方协调,更感谢本书作者的倾情写作!是为序。

王庭照
2019年秋于陕西师范大学

谨以此书献给我的父母，
是他们让这一切变成现实，
同时献给所有为了孩子的幸福生活而奋斗的父母。

目 录
Contents

本书介绍 　　　　　　　　　　　　　　　　　　001
作者的话 　　　　　　　　　　　　　　　　　　001

第 1 章　饮食　　　　　　　　　　　　　　　　001

第 2 章　关爱自我（适用于家长及护理者）　　　015

第 3 章　生物医学　　　　　　　　　　　　　　025

第 4 章　财务　　　　　　　　　　　　　　　　041

第 5 章　教育　　　　　　　　　　　　　　　　055

第 **6** 章　诊断和医生　　　　　　　　　　075

第 **7** 章　安全　　　　　　　　　　　　　083

第 **8** 章　青春期　　　　　　　　　　　　103

第 **9** 章　日常生活　　　　　　　　　　　111

第 **10** 章　最后的建议　　　　　　　　　167

结语　　　　　　　　　　　　　　　　　177
致谢　　　　　　　　　　　　　　　　　179
本书所有贡献者　　　　　　　　　　　　181
相关资源　　　　　　　　　　　　　　　183
推荐阅读　　　　　　　　　　　　　　　193

本书介绍

> 事物本身是中性的，是我们的感知使它们显得积极或消极。
> ——Epictetus（古希腊哲学家）

本书的撰写是为了完成两个任务：一是教导我自己如何更好地管理作为一个自闭症男孩唯一监护人（父亲）的富有挑战性的生活；二是分享我在这个过程中所学到的东西，并能为后来者提供一条捷径。

我将在本书中提出若干建议，并针对这些建议进行评论，这当然意味我的观点主要来源于我的经验指导。为此，我将分享一些我个人的背景，以便读者能理解这些观点。

在过去8年的时间里，我是一个单身、有唯一监护权的父亲，是我的儿子、16岁男孩Alex的照料者。Alex和我目前居住在曼哈顿的一套一居室公寓里。在我获得Alex唯一监护权之前，我曾在华尔街工作，但当他2008年搬来和我一起居住时，我的生活发生了根本性的改变。从那时起，我开始了自己全新的事业，写书、参加会议，成为了全国自闭症协会（National Autism Association）、纽约都会分会

（New York Metro Chapter）、自闭症阿特拉斯基金会（The Atlas Foundation for Autism）等组织的会员，最为重要的是，我在积极塑造 Alex 的发展。

Alex 目前不会说话，主要用 iPad 进行交流，有自身免疫性问题（溃疡性结肠炎），以及行为问题和感觉问题。Alex 之前曾就读于曼哈顿的一所私立自闭症学校，但目前就读于曼哈顿的一所公立学校。Alex 在身体、情感和精神上都在进步，这都要归功于本书中的许多建议。

在本书开始之前，我想分享我在这段经历中的几点体会。首先，你一定要完全掌控孩子照料、教育、治疗和组织的方方面面，并把自己视为首席执行官（CEO）。我就是 Alex 团队的首席执行官。想要做到这一点，你需要大声说出来，并时刻准备着为孩子的权利而战，就像"为吱吱作响的车轮上油"。这种说法可能并不合适，但这是你应对将要遇到的官僚机构和倾向的唯一办法。

其次，为了让孩子未来充满希望，你要承受和适应在通常情况下个人难以承受的压力。这种压力是局外人无法想象的。压力有多大呢？有一项研究（实际上是好几项）曾对自闭症儿童的父母进行压力测试，并将结果与各种职业进行了比较，发现这种压力最接近于战斗中的士兵。注意，不是士兵，而是在战斗中的士兵。自闭症儿童的父母基本上每天 24 小时都在承受压力。正因为如此，我将在本书中着重谈谈关爱自我（self-care），以及一些曾帮助了我和这个过程中我遇到的许多了不起的父母的最好的策略、点子和想法。

我们这个圈子的人都知道，在自闭谱系中，没有哪两个孩子在行为、挑战或才能方面是完全相同的。为此，我从自闭症圈子其他朋友那里也收集了一些建议，以完善或弥补我和 Alex 经历中所缺失的部分。更为重要的是，这些伙伴们提供了一些非常棒的建议，需要分享，所以我就这样做啦。

最后，许多自闭症父母要么正在经历，要么已经经历了你现在的感受。我希望这本书能够教导你、帮助你，最重要的是提醒你，你并不孤单，你还可以寻求帮助。让我们开始吧！

——Ken Siri

纽约

2015 年 1 月

作者的话

　　本书旨在为需要帮助的家庭提供有关自闭症的有价值的建议、信息和策略。本书无意于提供具体的医疗建议,所有讨论的照料和治疗方法也仅供参考。所有的药物治疗都有潜在的、有害的副作用,所以在开始为你的孩子进行任何生物医学治疗之前,请咨询医生。

　　自闭症是一种谱系障碍,所有自闭症儿童都各不相同。对一个孩子有效的方法可能对另一个孩子完全无效。由此,本书中的一些建议可能会显得自相矛盾。作为父母,你的第一要务就是观察你的孩子,学会运用你的直觉,这样你才能发展这种感觉,以引导你获得最有帮助的建议。此外,本书所提的只是一些建议,而不是规则;你可以尝试一下,并采用最适合你和孩子的建议。

　　我在本书中将这些建议进行了分组,以方便你参考。此外,我还特别强调了对 Alex 和我最有用的关键提示,我相信大多数人都能从中获益。如果你想尝试新做法,请试试关键提示。

　　书中的一些建议来自其他家长和照料者,我在书中保留着他们自己的表达。由此,我在描述自闭症儿童时,使用了不同的术语。请一定要记住这句话,如果你见过一个自闭症儿童,那么你只见过一个自闭症儿童。

第 1 章

饮 食

Diet 名词

1. 指一个人、一种动物或一个社会群体经常吃的食物种类,可译作"饮食"。例:素食者的饮食;饮食专家。
   - 或者引申指某人从事的日常工作或参与的系列活动,可译作"习惯"。例:听古典音乐的良好习惯。
2. 指出于减肥或医学原因而自我节制,只吃特定食物,可译作"节食"。例:我正在节食。

肠道和大脑的关联

在了解饮食干预的具体建议之前,我认为有必要说明为什么首先来谈饮食干预。毫无疑问,我们所有人都可以从更干净、更健康的饮食中获益。但对于自闭症群体而言,因为肠道与大脑之间的相互联结,饮食的作用显得更加特殊。近年来,相关研究已经揭示了肠道和大脑关联的重要性,同时揭示了我们西方人的饮食习惯和相关毒素可能会导致多种自体免疫问题和大脑相关疾病的惊人增长。下面介绍我之前的一篇文章,这篇文章将会有助于我们理解饮食干预为何如此重要。

自闭症,对肠道的冲击?

自闭症,痴呆和肠胃问题

这个月初(指 2013 年 12 月),有几项研究受到媒体的普遍关注。第一个是"痴呆症患病人数激增,预计到 2050 年将高达 1.35 亿"。福克斯新闻将其作为头版标题,其他多家媒体也竞相报道(详见 2013 年 12 月 5 日福克斯新闻网站)。

新闻报道强调,痴呆症(特别是阿尔茨海默病)预期将会呈现指数增长,到 2050 年患病人数将从 4 400 万增加到 1.35 亿。阿尔茨海默病国际协会(ADI)介绍说,研究表明痴呆症患者两年多来增长了 17%,据此推算,到 2050 年,这一数字将达到 1.35 亿。这一增长率显著高于 1.2% 的世界人口增长率(美国人口普查局)。更能说明问题的是,从现在到 2050 年,世界人口增长率将会不断降低,降低一半至 0.6%(美国人口普查)。阿尔茨海默病国际协会称其为只会越来越糟糕的"全球性流行病"。另外,目前全球用于治疗痴呆症的费用已超过 6 000 亿美元,约占到了 1.0%。而依据以上估计,到 2050 年,全球将会有 3% 的人患有痴呆症,这无疑将严重拖累全球经济增长。

像以上这种某个特定群体的增长率远远高于总人口的增长率的情形,我们此前很少见到。通常情况下,人口的某个子集如果和遗传相关,其在总集中的百分比应该保持稳定不变,或是和其他子集相伴增加。而自闭症和痴呆症的增长率看起来非常相似。这可能是一个巧合,但也许并不是。当人们发现似乎所有自身免疫性疾病(这些疾病都有相似性)

的发病率都从相同的基础上呈指数增长时,似乎很难用巧合来进行解释。

有趣的是,自闭症的诊断评估在不断进步,而痴呆和自身免疫系统疾病则似乎没有。这一现象背后的原因又是什么呢?值得我们思考。

几天后,多家媒体报道了另外一项研究。这项研究表明,根据加州理工学院的一个研究项目(2013.12.7),"自闭症可能与肠胃问题有关"。

研究结果显示,与自闭症相关的行为是"受到胃肠道问题的影响,因此可以采用益生菌疗法来治疗"。研究人员在小鼠样本中使用了一种特定的人类益生菌,以治疗诱发型肠胃疾病和自闭症,结果发现胃肠道疾病和类似自闭症的症状竟然减少了。科学家们由此推论,自闭谱系障碍的相关行为问题可能是胃肠道问题引起的,且可以通过胃肠道的理疗来改善。

这项研究还指出了"肠漏",即实验中诱发的胃肠道疾病,是如何成为帕金森症、多发性硬化症和阿尔茨海默病的研究人员的研究目标的,其他研究也曾将这些疾病与胃肠道问题联系起来。加州理工学院的科学家认为,"这表明,胃肠道问题可能会导致神经发育障碍的特定症状"。

胃肠道疾病所诱发的慢性便秘、腹泻、反胃、炎性肠病等症状可能和自闭症的社交缺陷、沟通障碍和刻板行为等症状之间存在着特定联系。

综合以上研究可以看到,神经系统和自身免疫系统疾病的增长可能与胃肠道疾病有关。仔细考虑一下,也许所有的问题,或者这些症状的起因都在于胃或者肠道。如果是这样的话,在没有其他更确切的结论出现之前,我们有理由相信,正是胃肠道疾病导致了这些症状呈指数增长。这也使得我们开始关注在食物供应、身体以及环境中对抗生素、杀虫剂、药物和其他化学物质的过度使用。

同时,让人振奋的是,这一结论将会推动更多相关领域的研究,研究重点将聚集于肠道问题对自闭症、痴呆和以上所有问题的影响。令研究人员感到更开心的是,与大脑相比,肠道则更容易被作为研究对象进行相关研究和实验处理,而且所得结论可能更具有影响力,因为研究中的小鼠在经过干预治疗之后(尤其是益生菌的治疗),变得更加外向,也不再那么焦虑了。后续研究值得我们继续关注。

此外,正如之前我曾经在文章中提到,我的儿子患有严重的胃肠道疾病,包括疼痛性反胃和溃疡性结肠炎。他的胃肠道检测结果使得不止一个医生留意到,他的自闭症症状恶化往往伴随着胃肠道问题的出现(医生事先并不知道这种联系)。对胃肠道问题的治疗使我儿子 Alex 受益匪浅,即使他现在仍然无法说话,但在过去两年的针对胃肠道问题的治疗中,他的行为、自制力和发音等都得到了很大改善。

请开始注意饮食

改变孩子的饮食习惯是改善孩子健康状况的一条重要途径。首先我们推荐无麸质/无酪蛋白(GF/CF)饮食,同时建议无大豆饮食,因为大豆具有类似于酪蛋白的特性。此外,特定的碳水化合物饮食(SCD)对于那些对无麸质/无酪蛋白饮食不敏感的自闭症儿童可能会有效果。

就我儿子 Alex 来说,特定碳水化合物饮食的效果非常惊人。

Alex 除了患有自闭症以外，还患有非常严重的溃疡性结肠炎（UC），一直都需要服用强效药。但自从改变食谱以来，他恢复的效果十分显著，最近我们已经能够减少某些用药了。就其当初结肠炎诊断时的严重程度，到现在的有所好转，确实是很少见的情形。这也使得他的医生认为，特定的碳水化合物饮食对于改善自闭症症状非常重要。

多数专家认为应该坚持好的饮食习惯至少六个月。我一直在尝试令食谱有所变化，所以我个人体会六个月的时间可能会有点短，因为你可能需要数月时间来适应食谱的调整和变化。我认为最好是一家人都采纳这种饮食，并逐渐改进。从长远来看，全家都会因此而大大受益。我们家的食谱是这样的，通常选择一种富含蛋白质的食物和三种蔬菜作为晚餐，午餐则是蛋白质食物、蔬菜和水果，Alex 的早餐则通常是符合碳水化合物饮食要求的培根和鸡蛋，另外还有水果，偶尔也会选用果仁燕麦和椰奶。

如果你怀疑某种特定食物可能会影响孩子的行为，可以试验让孩子持续两周不再吃这种食物，并观察结果，这将为医疗团队提供重要参考。另外还要提醒学校里为孩子提供饮食的相关人员注意这种食物禁忌以及其他事项。

饮食管理

你应该重视采用日记这一重要工具来进行饮食管理。你可以用螺旋圈那种笔记本或是便签本,在页面左侧列出孩子吃的每一种食物。在页面右侧,列出并记录你所观察到的行为细节变化,如攻击、大哭、低泣、耳朵涨红、瘙痒、排便、窒息、发脾气或睡眠问题等。你还可以采用现代科技手段,创建一个电子表格(Excel)工作簿,这种方式更加直观,容易更新并能及时跟踪饮食变化及其影响。

我在天马(skyhorse)网站提供了一个电子表格软件,读者可以免费下载(www. skyhorsepublishing. com/book/? GCOI = 602391081687708)。这个电子表格非常实用,包含了膳食追踪、增补变化,以及其他饮食管理等内容。

食谱中的去除策略

首先,孩子的食谱中应去除所有的乳制品,并在一周或两周内,逐渐去除所有麸质品,并代之以糖、大米、土豆和其他淀粉类食物,这很有必要,但要注意,应该逐步减少这些食物,直至日后完全去除。

另外,在去除麸质饮食的同时也要停止食用大豆和玉米。许多父母在用大豆代替牛奶,玉米代替麸质品后,因为没有看到情况的改善甚至还观察到退步,从而放弃了无麸质饮食。事实上,这两种食物在最初添加时几乎都会带来问题,可以以后试着慢慢加上。

之所以出现这种情况,是因为大豆在某些情况下可以作为很好的牛奶替代品,但它确实有一些类似酪蛋白的特性,所以在麸质品之后也应从食谱中去除,而且最好从一开始就避免食用。我的建议是用杏仁或椰奶来代替牛奶。它们的口感也很好,而且钙和维生素 D

的含量也更高。

从食谱中去除乳制品时请注意,"非乳制品"并不是说不含牛奶。"非乳制品"是乳制品行业的一种说法,是指牛奶所占比重不到0.5%的产品,"非乳制品"中的酪蛋白含量实际上可能会和全脂牛奶一样多。

从食谱中去除酪蛋白和麸质品(或者其他食物)的时候,要逐步进行,不要操之过急。这样做可以让你和孩子更容易接受,也能让你有时间去了解食谱中这些食物的各种来源。你会看到,西方饮食中对酪蛋白、麸质品的使用频率是如此之高,足以让人惊讶甚至是震惊。因此,不仅仅需要去除麸质品和酪蛋白,还需要去除其他所有的人工加工成分和含糖制品。建议一定要吃当地的有机产品。

而对于有些孩子来说,可能还需要同时去除其他食物,特别是大豆、玉米,甚至是大米。有些孩子则可能需要去除所有的碳水化合物,还有一些则需要减少草酸盐的摄入。

挑食

请不要强迫挑食的孩子吃他并不爱吃的东西,给他准备好健康的食物就可以了。在让孩子保持充足水分的情况下,停个一两天,大多数孩子真正饿了,自然就会拿起面前的东西来吃。如果这样做不奏效,可以采取战略性的妥协方法,但要先给他们几天时间。如果仍然没有效果，可以先回到老样子，然后寻找更多的替代性食品，一周后再试一次。假如尝试几次之后，仍然没有改掉孩子挑食的毛病，可以咨询营养学家或者是其他有成功经验的父母。

就我孩子的情况而言，Alex 通常坚持只吃某些特定的食物，然后会示意他已经吃完了，想要更多他所喜欢的食物。这时候我从不妥协，或者会在给他喜欢吃的东西之前停顿数秒，通过这种方式，我基本上能让 Alex 尝试任何一种青菜和食物。随着时间的推移，来自孩子的阻力会逐渐变小。有时，孩子也想坚持要自己想吃的东西，而不想吃更多蔬菜（比方说热狗，这也合乎特定的碳水化合物饮食疗法的要求）。但是他知道，如果必要的话，我很有可能这顿饭直接不让他吃了，所以他也就不会再继续坚持。另外，在最初几天里，孩子常会出现偏执、退化或退缩的情况。一定要继续坚持下去，让孩子认识到你是当真的，并非开玩笑。

"挑食是一个常见问题。有时自闭症孩子挑食可能是因为被专属于某一特定食物的某一细节所吸引。例如，Hilde De Clercq 发现一个孩子只吃切基塔牌香蕉，实际是因为他被上面的标签所吸引。如果把切基塔的标签贴在其他水果，例如苹果和橙子上面，他也很愿意吃。这样我们就可以尝试把不同但相似的食物放在麦片盒里或者其他孩子喜欢吃的食物包装里。有一位妈妈就曾把一个不含小麦的自制汉堡放在了麦当劳的包装盒里，从而成功地让孩子吃掉了。"

——Temple Grandin，PhD，author of *Thinking in Pictures and The Way I See It*；www.autism.com/ind_teaching_tips.asp

严格管理饮食

由于孩子的敏感程度不同,有些家长可能需要在去除某些产品上做得更严格一些。因此,也要重视严格筛选肥皂和洗发水之类的日常用品。Alex 过去就常把洗澡的泡泡塞进嘴里,而肥皂中是含有酪蛋白以及不良化学物质的。所以应该给孩子使用那些天然无添加的产品,以避免饮食方面的隐患。

♥

另外,应该给孩子吃有机食品,避免添加剂、防腐剂、色素、加工过的碳水化合物、糖等成分,还有果汁,果汁大多是用水和高果糖玉米糖浆兑成的。家长可以给孩子选取复杂的吸收比较慢的碳水化合物和健康的蛋白质,然后留心观察其作用,搜集信息以决定食谱结构以及如何严格执行。还要记得把这些信息及时告知营养师和医疗人员,以确定对孩子最有效的饮食疗法。

♥

大多数奶酪代用品都含有某种酪蛋白。这种酪蛋白甚至可以在金枪鱼和其他罐头食品中找到。许多不含小麦的谷物其实都含有来源于大麦的麦芽,实际上是无麸质无谷蛋白的。而口香糖、贴纸、培乐多彩泥,这些东西也可能成为谷蛋白和酪蛋白的来源。总之,家长得像个侦探一样,留心调查所有进入孩子口中的东西。特别是对于年幼儿童,非食品类的东西往往也会带来伤害。请记住,一个细微的发现也可能会有重要意义。

另外，可能大家听说过，最近有研究人员测试了几十种标签为无谷蛋白的产品，结果发现其中70%的产品都没有通过测试，它们实际都含有谷蛋白。所以我们能做的就是远离所有加工过的食品，选择真正"无麸质/无酪蛋白"的无加工产品作为清洁饮食的重要起步。同时，对于加工产品也有很多可选的替代品，例如，我们已经成功尝试过的纯天然制造并可作为零食的干果片。

此外，还要注意饮食中鱼类的选择。为了减少通过食物摄取毒素的可能性，要尽量避免食用有毒鱼类，特别是那些体型较大、寿命较长的鱼类，如剑鱼，它们会大量吸收海洋中的汞和其他毒素。其他鱼类还包括马头鱼、马林鱼和鲨鱼。在自然资源保护委员会网站上，可以查到详细的含汞量最少的鱼的种类，其网址为：www.nrdc.org/health/effects/mercury/guide.asp。

在食盐的选择上，建议大家只选用喜马拉雅盐或者海盐。尤其是喜马拉雅盐，其相对可以说是最干净的盐，因为海洋中含有铅和汞等化学物质，可能会污染海盐。而常用的精制食盐则含铝。请注意，它们确实含有铝。铝是用来分离盐块，防止它们粘在一起的。毋庸置疑，这很不健康，而且众所周知，铝还会增强其他毒素的毒性。

弥补饮食不足

在以下无麸质/无酪蛋白饮食中能够摄取足够的钙：

- 绿色蔬菜,如羽衣甘蓝、甘蓝菜和青菜等都既富含钙质,同时草酸盐的含量又很低(菠菜虽然富含钙,但草酸盐又过高,应避免食用)。
- 某些鱼类,如鲑鱼和鲈鱼,也都是钙的极好来源,但注意不要购买含汞或其他毒素的鱼类(可以看看较小的鱼类,最好是非养殖鱼类)。
- 仅仅一汤匙的糖浆就含有172毫克的钙,同时也含有铁,所以如果孩子可以摄入酵母的话,那么糖浆就是制作甜味烘焙食品的最佳选择。
- 有些坚果、豆制品和种子(如芝麻籽),也都富含钙,但最好是研磨后使用,这样才能更好地被人体吸收。还要注意的是,杏仁奶的钙含量比牛奶要高。
- 最后,如果孩子食用的非乳制品当中的钙含量不够多的话,还有许多其他补给品可供选择。好的补给品应该同时富含钙和维生素D,因为维生素D可以促进钙的吸收。尤其是对于那些生活在北部高纬度地区有着漫长寒冬的人,一定要选择具有较高的IU计数(IU是评估维生素A和D两种营养素含量的国际计量单位)的补给品,专家建议要在2 000以上。钙元素确实是我们大多数人都需要补充的核心元素之一。好几项研究表明,自闭谱系障碍儿童也经常缺乏这种重要的维生素。

还请记住,维生素D可以刺激体内钙的产生和吸收,而其主要来源是太阳。所以请让孩子每天都沐浴大约15分钟的充足阳光,且不要涂防晒霜。如果担心光线太强,可以在清晨或傍晚太阳不那么强烈时,花上15分钟带孩子享受阳光。

寻求帮助

家长可以考虑向受过专业训练且对自闭症有成功经验的饮食管理专家求助。自闭症研究机构（ARI）在其网站（www.autism.com）上提供了参加过营养研讨会的专业人员的名单，可供家长参考。

以下列举一些最受欢迎的自闭症饮食管理网站：
- 无麸质/无酪蛋白饮食（GF/CF）：www.yahoogroups.com/group/gfcfkids。
- 特定碳水化合物饮食（SCD）：www.yahoogroups.com/group/pecanbread。
- 低草酸盐饮食（LOD）：www.yahoogroups.com/group/Trying_Low_Oxalates。
- 范戈尔德饮食[①]：www.yahoogroups.com/group/Feingold-Program4us。
- 身体生态饮食：www.bedrokcommunity.org。

获得支持：家长可以汇总一些关于饮食管理的文章，分享给家庭成员、老师和其他护理者。告诉他们你在做什么，以及为何这样做。积极寻求他们的支持，特别是学校老师的支持，因为他们能够在

---

① 译者注：指专为活动量过大的儿童提供的不含人造色素、人造调味品、防腐剂以及水杨酸盐的食谱。

你不在时帮孩子保持好的饮食习惯。例如，Alex 刚入学时，有过几次脾气爆发，后来发现是因为学校老师让他吃了不在过去食谱范围的东西。当将两者联系起来后，学校老师就明白了要尽量尊重 Alex 的饮食习惯。

> **关键提示**
>
> 尽管之前已经强调过，但我还是想再提醒大家，可以给自闭症孩子尝试特定碳水化合物食谱，尤其是那些有胃肠道问题的孩子。Alex 因采用此食谱，症状有了很大改善，我也受益许多。建议大家刚开始可以先阅读由 SCD 的推广者 Elaine Gottschall 所著的《打破恶性循环》(*Breaking the Vicious Cycle*) 一书，再从 www.breakingtheviciouscycle.info/home/ 网站上了解食谱清单，熟悉能吃什么不能吃什么。这个网站会推荐食谱，引导家长改变菜单，并提供其他的一些有用信息。

最后想说明的是，尽管全家都采用同一食谱有点困难，但纯天然无污染的食物对大家的好处显而易见。请慢慢尝试去改变，如果一下子改变太多，可能反而会难以为继。从容不迫，则胜券在握。

第 2 章

关爱自我(适用于家长及护理者)

行动落实比夸夸其谈更能改变世界。

——Paulo Coelho

请重视这一章!

关爱自我在照顾自闭症儿童的过程中常常被忽视,尤其是对于那些有迫切需要的家长。我发现无论是由于时间受限,动机不足,劳累疲倦,还是对孩子有内疚感,自闭症儿童的父母(或常照顾他们的人)经常不好好关爱自己。我所说的关爱自我包括身体健康、心理健康、同伴社交以及睡眠问题。有很多父母将这一问题抛至一边。其实想一想,如果你自己都不健康,又怎么能长期照顾孩子?如果孩子现在年幼,你先走了谁来照料他?你是不是会担忧他的未来?现在不照顾好自己,将来谁又来帮助孩子?

我们可以飞行经历来做类比。在飞行中我们通常都不会留意这样的提示:"如遇紧急情况,氧气面罩会从隔板上掉下,请先自己佩戴好氧气面罩,再给孩子佩戴好。"为什么会这样提醒?因为如果你不能自救,你也无法帮助孩子。请务必重视关爱自我,学习一些照顾自己的技巧。这不仅仅是为了自己,也是为了孩子。

健身

让我们练习跑步吧!跑步并不是为了摆脱忧虑,而是为了应对忧虑。为了照顾好孩子,我们需要通过锻炼保持健康,这其中,没有什么比跑步更容易,更便宜,也更有趣了。跑步也是一种真正的减压方式,它能够为大脑组织思想提供机会。大家可以加入当地的跑步俱乐部或相关组织。在纽约就有一个路跑者组织,我们有幸与大家一起跑步。全国各地也有许多类似的组织,如果你离得比较远,可以自己发动组织一个。

开始跑步的时候,请放下音乐播放器,静心聆听自己内心深处的想法。另外我还建议你和儿子一起跑。想想这是多美妙的事,孩子和你一起参与,一起锻炼,一起减压,一起保持心境平和。

阅读

在一本书中提醒阅读者要常去阅读,这看似有点奇怪,但事实是太多人的阅读量根本就不够。具体统计虽不完全相同,但有数据显示,大约有50%的书籍虽然被购买,但并没有被阅读!阅读有很多益处,就我们而言,阅读可以平复心情,也可以完美结束一天。阅读比看电视要好得多,因为看电视不能像阅读一样促进睡眠或让人做个好梦。

我认为结束一天辛苦的好办法就是,拿本书懒懒地躺在地板上,把腿靠在墙上，然后开始阅读。这个姿势有助于伸展背部、腿筋、小腿和臀部，身体这些部分在坐了一整天或多半天以后很需要这样放松。孩子也可以这样去做。

除了以上的好处，多读书还可以让我们少看电视，这很有益处。电视没多大好处，但我们的确在电视上花了太多时间。有例为证，如果计算到 60 岁，那么美国人平均花了 15 年的时间看电视。15 年！好好想想吧，如果你有 15 年的空闲时间，你会干什么？如果是我，我会尽量把看电视用的时间保持在最低比例，阅读时间应该是电视时间的两倍，也就是说，看一个小时电视，就至少要阅读两个小时。那么你呢？你会怎样安排时间？其他活动你也可以考虑一下这样的时间分配，比如用于健身和看电视的时间比例是多少？类似的思考可以激励我们不断增加有益活动，从而带来重大变化。小改变也能够带来大收益。

咨询和支持团体

家长支持小组是一个很棒的资源。他们不仅可以在抚养自闭症孩子的过程中为你提供支持，还可以提供来自其他家长的很多信息，例如他们尝试过的治疗方法，关于旅行或郊游的建议，关于课外活动的建议等。其他自闭症儿童的父母了解你所经历的，他们也积累了丰富的经验，很愿意分享和帮助其他家长摆脱困境。

以下是由 Lauren Tobing-Puente 博士在《自闭症的前沿治疗》

(Cutting-Edge Therapies for Autism)一书中"家长支持"这一章所提出的建议:

- 寻求临床心理医生的个体咨询。这将有助于父母聚焦自身体验,发展管理养育压力和排解心理痛苦的应对策略。父母由此能够精确地解决自己的困扰,从而更高效地抚养孩子,并获得更强的满足感。
- 寻求临床心理医生的婚姻咨询。向那些有自闭症儿童的家庭治疗经验的临床心理医生寻求婚姻咨询,有助于解决婚姻中存在的问题。另外要重视对自闭症儿童的兄弟姐妹的支持,因为它对整个家庭有巨大影响。
- 家长应该像关注孩子一样尽可能多地关注治疗过程。因为家长的主观幸福感非常重要,它会直接影响到作为孩子治疗重要部分的养育能力。父母发挥最佳功能是治疗措施成功得当的重要基础。
- 对于那些曾深深内疚和自责的家长来说,接受关于自闭症起因的知识教育非常重要。聆听那些有相似经历的家长的分享,对比以往被他人孤立的经历,有助于家长找到认同感和一体感。
- 许多学校和当地组织会定期举办由心理健康临床医生指导的家长支持小组活动,为家长提供分享经验、探讨方法、关爱自我的平台(例如:分享治疗协议和行为策略的信息)。在心理医生的指导下,家长们能够了解到关于自闭症的最新研究成果和能够帮到自己及孩子的治疗方法、策略。
- 近年来,留言板和电子邮件列表管理软件在自闭症儿童的家长中开始流行。它们十分便捷,也容易获取,家长不必再专门腾出时间参加面对面的支持小组,对于居住在偏远地区的父母来说也更方便。但是这些在线技术也有其不足之处,它们不能提供家长支持小组所具备的个性化联系,也很难提供同其他自闭症儿童的父母深入发展友谊的机会。如果没有临床医师的持续调控,也很难保证交流内容的适当与真实。

建立支持系统非常有必要,它不只是一个既像家人又像朋友的支持系统,更可能是一个能帮你应对复杂状况的熟悉自闭症的团队系统。我自己在纽约成立了一个非正式的自闭症家长和护理者支持小组,大家每个月都会在我最喜欢的第八街餐厅聚会一次。这个小组非常有趣,非常适合分享信息和组成人脉圈。建议大家也来尝试建立一个这样的小组。

就业

有些时候,为了照顾有特殊需要的孩子,父母一方或双方可能需要改变或调整他们的职业规划。如果是单亲家庭,这个挑战可能更加让人望而生畏。为了在照顾孩子时有更大的灵活性,许多家长不得不在家工作或自己创业。也许一开始这会让人感到压力重重,但许多父母在此过程中,成功重塑了自我,并在建立事业的过程中获得了更大的满足感。以下内容也许不算真正的建议,但确实是我们从职业变化中能够期待的获益:

- 自主创业可以让我们更好地控制时间——传统职业会浪费很

多时间,而为自己工作则可以大大提高效率。传统工作环境里那些办公室政治和没完没了的会议毫无价值,而为自己工作你就只需做必须要做的事情。你贡献多少就能得到多少报酬,而不必取决于消磨在办公桌前的时间有多少。反之你可以把浪费掉的时间重新好好规划利用。

- 自主创业或许会让我们失去传统意义上的安全感,但请面对现实,传统工作带来的安全感其实只是一种错觉。
- 自主创业,做自己的老板,还意味着我们不必为了加薪或是升职或是别人的关注而摇尾乞怜。我们也不必和那些无聊的、令人讨厌的人打交道。
- 自主创业使得我们有更多的社交自由。在传统工作领域,大多数人通常只和工作伙伴打交道,因而很难接触到那些经历不同、观念不同的人。但这种接触对于个人成长和长期的心理保健很有必要。自主创业则提供了更多这样的机会,能够与不同的人多多接触。
- 自主创业或独立工作意味着我们没有时间去消极抱怨,只会想着尽快把事情做完。而在传统工作领域,当你为别人工作的时候,身边往往有很多人都在抱怨。消极情绪无处不在,因为在内心深处,我们并不想为别人打工。

关键提示

当我向人们讲完一个有特殊需要孩子的单亲家长的生活是怎样的时候,经常有人问我:"你是怎么做到这么多的?"是的,我的确做了很多。我不仅是 Alex 的父亲和唯一的护理者,同时还经营一家公司，进行写作，参与一个电影项目，我还是两个自闭症组织的董事会成员。去年我还参加了几个全能三项赛（包括一个铁人品牌赛事）和多个跑步比赛。我是怎样做到这么多的呢？我认为关键是压力管理。压力管理包含了几个因素，我在本书中曾讲到过，但最主要的因素是冥想。冥想不仅有助于减轻压力，还能带来其他益处。以下是我从最近的一些研究成果中得到的经验，本书后面我将向大家介绍如何建立目标并具体应用于实践。

冥想

- **更大的灵活性。** 冥想得越多，杏仁核就越容易从压力和创伤中恢复过来（研究表明，杏仁核在记忆加工、决策和情绪反应过程中起到主要作用）。根据2012年2月发表在《人类神经科学前沿》（Frontier in Human Neuroscience）上的研究，"冥想能够改变大脑表面的几何结构……加州大学洛杉矶分校的研究选择了50名被试参加实验，还选择了另外50名被试作为对照组，进行参照对比。研究结果表明，冥想与皮层褶皱度（指大脑皮层的折叠方式和程度，它能让大脑更快工作）之间可能存在某种联系。这项研究还表明，与非冥想者相比，大脑部分区域的褶皱度与冥想者冥想的年限之间存在正相关的关系，尤其是长期冥想者。这种在冥想时增加的褶皱度可能折射出认知过程的整合,因为冥想者在冥想过程中会使用大脑的某些特定部分进行自省和反思"。

- **更多的大脑灰质。**仅仅三个月的冥想就能使大脑产生更多灰质,从而影响个体的自我意识和同情心。2013年5月《今日心理学》(*Psychology Today*)上发表的一项研究阐明了"大脑如何利用冥想从而更好地运转,以及长期冥想对于大脑的积极作用"。该研究揭示了"大脑是如何通过冥想来塑造的……具体来说,通过定期冥想,恐惧中心和自我中心之间的联结不断衰退"。这种"塑造"削弱了与焦虑和压抑相关的消极神经通路,提供了形成更好的(积极的)神经通路的机会。
- **更小的压力,更少的干扰和更加集中的注意力。**冥想可以平息过度活跃的思维,正是这些思维让大脑充满忧虑和杂念。冥想还可以帮助我们避免走神,这样我们能更专注于手头的任务。冥想也能减少压力的产生,避免大脑出现因压力而引起的注意力和记忆力损伤。研究人员还发现,那些练习冥想的人可以更好地调节他们的脑波。他们可以屏蔽干扰,并比不冥想的人有更高的工作效率。在大脑加工新信息时,更不容易分心。

正念

"作为家长,孩子是否患有自闭症,我们没有办法选择。但是,我们却可以选择自己的反应,决定自己要做的事情。首先要做的就是承认你所感受到的情绪。要知道所有自闭症孩子的父母都会经历这些情绪,它们是真实和不可避免的。这种情感类似于一个人面对所爱之人去世时所经历的悲伤的五个阶段,不过不同的是,孩子还在,并未离开。让你感到悲哀的是你失去了人生的期望,失去了儿子出生时你对他寄予的所有希望和梦想。其次,你应该尽己所能多学习一些东西,以帮助孩子更好康复或是充分发挥潜能。"

——Chantal Sicile-Kira,author of *Autism Spectrum Disorders*

第 3 章

生物医学

天下难事，必作于易；天下大事，必作于细。千里之行，始于足下。

——老子

从何开始？

对许多自闭症儿童的父母来说，面对各种生物医学疗法和相关饮食疗法，如何选择是最具挑战性的，在纷繁杂乱的信息面前我们很容易不知所措。我想最好的做法是只专注于当天或当次的治疗。要记住，不管这一天你经历了什么，有多艰难，都要挺下去，因为明天又会是新的一天。太阳照常升起，也许孕育着新的希望。

♥

在选择这条道路之前，请记住大部分的康复和进步都要花费很多时间。多数情况下，孩子已经"病了"很久，而且没有快速的解决办法。我们应该把生物医学疗法看作是一场需要大量时间和毅力的马拉松，需要我们调整好自己的节奏。而且，最重要的是，马拉松对心理素质的考验比对身体素质的考验更多，心理素质是坚持下去的关键。这世上不存在任何灵丹妙药，因此，一定要远离那些给你提供所谓"治愈"疗法的人，或者那些声称自己的方法对每一个自闭症儿童都有效的人。

保持动力,坚持下去

刚开始使用生物医学疗法时,最好不要一下子全面开始。可以把几个月或者几周划分为一定的周期,然后分期尝试,你就能发现哪些方法有效,哪些方法是无效的。如果一开始贪图太多,就很难知道哪些方法能够起作用,哪些方法会导致问题。

把握发展趋势。在进行生物医学治疗的过程中,你会看到孩子有一些进步,但也有可能退步。自闭症是一种慢性病,所以它通常是前进两步,再后退一步。每天的变化太细微灵活,因而要经年累月地进行观察。可以想一想,与去年相比,今年是否变得更好了。可以把孩子的现状与去年同一时期相比较,因为像天气、过敏原和气温都可能会导致治疗过程临时中断;依据年份来衡量孩子的身体状况是判断孩子是否好转的一个最佳指标。不要指望自己能够留意到并记住孩子的进步或者退步,请把它记录下来。你也许常常会发现自己这样感叹,"噢,天哪,我竟然忘了他过去经常是那样的"。

关键提示

建议大家采用日志的方式追踪治疗效果。我这儿有一个电子表格,大家可以在以下网站下载:www.skyhorsepublishing.com/book/?GCOI-60239108168770&。请每天更新这个表格(或类似的日志),随着时间的推移,你能看到是哪些疗法起了作用,请把这个信息与医生和治疗师分享。

❤

孩子年龄越小,治疗见效越快。但是如果孩子并非如此,也请不要放弃。要知道,对孩子而言,什么时候开始都不算晚。另外,你永远不知道接下来会有什么有效的疗法,因为每年都会有新的疗法问世,请深吸一口气然后继续加油吧!

❤

建议各位家长在选择疗法时保持开放的思想,大家可以联系"空杯子"这个寓言来想一想:

据说一位有学问的人曾经去拜访一位禅师,问询禅学。当禅师说话时,这位学者经常打断他,表达自己的各种看法。

最后,禅师停止了谈话,给这位学者端了一杯茶来。他把杯子倒满之后,继续不停地倒,直到满得溢出来。

"快停下,"学者说,"杯子已经满了,不能再往里倒了。"

禅师回答道:"就像这个杯子一样,你心里装的都是自己的想法。如果你不先把自己的杯子倒空,又怎么能品出我的茶之甘甜?"

补品

在服用补品时,最好教会孩子服用药片或者胶囊,但也可以使用液体、粉剂和咀嚼物作为过渡，大多数补品都有冲剂型的。另外也可以把胶囊里的东西混入到食物或饮料中。

请鼓励孩子服用药片或胶囊：可以用奖励作为强化，诱使他按时服药。孩子们通常会有一些他们非常喜欢的东西，可以以此作为奖励。作为家长，对服药这件事也要态度坚定，要让孩子知道必须要这样做，没有任何妥协的余地。要做到这一点，一定不能试图欺骗孩子，比方告诉他说，不是药，是果酱。我的做法是把 Alex 的药片放在苹果酱上面的位置，这样他就知道他将会得到什么，苹果酱放在那里只是为了让服药这件事更容易接受。

即便如上所述，但是孩子仍不愿意往下吞药怎么办？这里有两个方法可以让孩子成功吞下药丸，那就是把药制成乳酪面粉糊，或者是使用肉丸注射器。乳酪面粉糊的制作方法是，把所有的胶囊内容物倒入一个深口的小杯子里（我使用的是 3 盎司的特百惠容器），再添加一些其他粉末，然后加入少许液体（我使用过滤水或液态钼，主要看是早上还是晚上），这些刚好足够做一个乳酪面粉糊（或浓稠的糊状）。注意液体不要加得太多，否则粉末会凝结，就会弄得一团糟。做好之后，彻底搅拌一下，这样黏稠度就会很均匀，然后再加入水，直到把杯子快要装满为止。另外一种方法是使用肉丸注射器。记住一定要用肉丸注射器而不是其他简单的注射器（一个注射器最多容纳 2 品脱，而一个肉丸注射器却能够容纳更多）——你可以在著名的家居零售连锁店 Bed Bath and Beyond 或是其他任何卖烹饪工具的商店里买到这样的肉丸注射器。买到之后，把针管取下，然后把补品吸进去,再喷到孩子的嘴里。

——Peggy Becker, National Autism Association,
New York Metro, Vice President

如果使用药物粉末或者是打开药物胶囊,就可以把药物混进食物里或者试着做个奶昔。这种方法特别好,可以同时添加一些很好的抗氧化浆果和其他对健康有益的补品。

♥

有些处方药只能以复方药的形式供应,或者以复方的形式效果更好。如果孩子有医疗补助,一定要到你所在的州的复方药店买药,因为各个州都规定了医疗补助所能够覆盖的范围。

家庭辅助治疗

活性炭可以吸收化学物质或其他废物,从而能够减少与抗真菌治疗和其他排毒疗法相关的死亡。另外活性炭也可以用来调节与肠胃失调相关的任何问题(即使是宿醉问题,也能解决),所以你自己可以试着用一用,看看有没有效果。但请记住在使用其他药物前后两个小时之内不要使用活性炭,因为活性炭无法分辨是否应该吸收这些物质。下面是来源于WebMD的一些相关信息:

普通木炭是由泥炭、煤、木材、椰子壳或石油制作而成。"活性炭"与普通木炭相似,但"活性炭"主要是用来制作药物。为了制造活性炭,生产商在一种气体中加热普通木炭,这种气体能使木炭产生大量内部空间或"孔隙"。这些孔隙有助于活性炭"捕捉"化学物品。

活性炭可以用于治疗中毒，减少肠道气体（胀气），降低胆固醇，预防宿醉，并能够治疗孕期的胆汁淤积问题。

💙

镁盐是一种天然的解毒剂，同时也有助于缓解便秘，能让人尽快冷静下来。镁盐唯一的负面影响就是可能会导致皮肤干燥。如果孩子皮肤变干，你只需在药物混合物中加入一些小苏打，这种治疗方法简单易行。

便秘

在解决便秘问题的时候，需要记住，一次通便并不能让你高枕无忧。大多数情况下，改善孩子便秘的状况需要几年的时间，仅仅是结肠收缩到正常大小通常也需要数月时间。

💙

解决便秘问题还可以使用许多安全可靠的非医疗替代品，例如镁补充剂（关于剂量请咨询医生）、芦荟汁（可以在早餐的果汁里加入一点），还有用李子、葡萄干和枣酱制作而成的水果馅饼。如果孩子不喜欢这种味道，可以加入花生酱或糖浆来遮盖味道。

胃肠道疾病

即使并非普遍，还是有很多自闭症的孩子患有胃肠道疾病，具体表现为从食物过敏到完全性肠易激综合征。我儿子 Alex 患有溃疡性结肠炎，多年来一直未被发现，经过治疗后，不仅其胃肠道疾病有所改善，自闭症症状也有所好转了。

如果孩子经常在夜间醒来或尿床，就应该去做一个彻底的胃肠道检查，夜间醒来可能是因为反胃，而尿床可能是由过敏造成的。

慢性胃肠道症状（即长期表现出来的症状）需要接受医学评估与诊断。而孩子患有自闭症的事实也许只是其有趣的衍生品。这些症状通常包括以下一种或全部：

- 腹痛。
- 腹泻（指不成形的大便，其形状随大便容器或是尿布的形状而流动）。
- 便秘（指间隔时间太久频次太少的大便，或一直过于坚硬的大便）。
- 软便型便秘。
- 不成形的大便带来的疼痛。
- 直肠脱垂。
- 未正常发育。
- 反胃。
- 反刍。
- 腹胀。
- 饮食受限。

——Dr. Arthur Krigsman, "Gastrointestinal Disease: Emerging Consensus," *Cutting-Edge Therapies for Autism*

父母、医生和治疗师应该意识到,那些难以治疗的自闭症相关行为问题或对行为干预标准手段没有反应的,可能只是胃肠道疾病的表现。也就是说,无端攻击、暴力行为和易怒发作等问题可能正是由肠胃问题引起的,所以在考虑使用抗精神病药物如利培酮之前(尽管美国食品药品监督管理局批准了可以用利培酮治疗自闭症),首先应当考虑孩子有没有胃肠道症状。

——Dr. Arthur Krigsman, "Gastrointestinal Disease: Emerging Consensus," *Cutting-Edge Therapies for Autism*

胃食管反流病、胃炎或胃溃疡以及便秘只是目前所知道的会造成自闭症相关行为问题的三个典型病例,此外要说明的是,尽管对自闭症患者进行集中干预提示我们患者存在着可治愈的胃肠道疾病,且治愈后能显著降低患者的患病程度,但自闭症患者仍然很难集中注意力,也很难在学业、交流方面取得大的进步。

——Dr. Arthur Krigsman, "Gastrointestinal Disease: Emerging Consensus," *Cutting-Edge Therapies for Autism*

药物治疗

在填写药物处方之前,你应该考虑很多问题,特别是像:有没有可能产生副作用?孩子睡眠会不会受到影响?药物的精确配方是什么?药物究竟如何作用于孩子的大脑?另外还应该充分考虑成功或者失败的概率，因为我们需要时间才能逐渐发现药物如何对孩子的特殊需要产生效力。家长要注意，对于药物治疗应该进行慎重考虑和评估。

在将孩子的行为成因归结为心理问题之前，要确保孩子的问题不是由身体疾病引发的，特别是胃痛或胃食管反流。诸如攻击行为和自我伤害行为这些症状其实通常是对疼痛的反应。

自 1967 年以来，自闭症研究所对 27 000 多名父母进行了调查，调查证实像利培酮、利他林和百忧解这样的常用处方药，并不是最成功的治疗方法。在选择那些会带来不良副作用的精神药物之前，大家可以考虑并尝试饮食干预。请大家参阅自闭症研究所的调查结果（详情可登录 autism. com/pdf/parentrating/ParentRatings2009. pdf），并考虑生物医学疗法。家长要确保所有的教育疗法都能得到适当实施。

如果出现以下信号，家长就需要求助于药物治疗和管理：
- 孩子的安全受到威胁。
- 对自己和他人的攻击行为增加。
- 身体或言语攻击的发作时间延长，对其他干预技术也没有反应。
- 不可控制的脾气暴躁。
- 担心孩子会伤害你、其他家人或支持团队。
- 重复或刻板行为持续增加，尽管已采取干预措施。
- 越来越焦虑、冲动、注意力不集中。

——Dr. Mark Freilich, "Pharmaceutical Medication Management: The Why, When, and What," *Cutting-Edge Therapies for Autism*

♥

选择合适药物和确定适当剂量需要一个过程。首先,家长每周都需要去拜访医生(或者至少每周都要打电话沟通)。在没有找到"最佳"剂量之前,如果医生已经开了处方药,并告诉你计划实施药物治疗,且在一个月内进行回访,那么我建议你去咨询其他药物管理医师。

——Dr. Mark Freilich, "Pharmaceutical Medication Management: The Why, When, and What," *Cutting-Edge Therapies for Autism*

♥

应该谨慎使用抗生素,它仅能用于已确认的细菌感染,并不能缓解病毒感染。要记住,使用抗生素会破坏正常的肠道菌群,使酵母和耐药菌过度生长,进而损害免疫系统的最佳功能。还要记得,大多数耳部感染都是病毒性的,因此不能用抗生素治疗。可以使用同种功能的滴耳液来帮助缓解耳部感染和感冒的症状。如果需要使用抗生素,可以同时服用益生菌以抵消对肠道菌群的伤害。

疫苗接种

疫苗接种对于有些人来说是个敏感话题,但我认为安全第一,免得后悔。以下是一些常识性的建议:
- 如果孩子发烧、便秘、腹泻或有其他疾病,请暂停接种。
- 如果孩子服用了抗生素,请暂停接种。
- 如果孩子免疫系统紊乱,有过敏现象,或者之前有疫苗反应,请不要接种,请采用其他的治疗方法。

- 充分了解每种疫苗的可能反应。
- 如果有副作用立即向医生报告。
- 记得要求使用单剂量无防腐剂(无汞)的疫苗。
- 注意分别注射麻疹、腮腺炎和风疹疫苗的月份间隔。
- 在选择使用助推器前检查抗体效价,因为助推器可能并非必要。疫苗接种毕竟是医学手段,无需承担不必要的风险。

❤

以下是由疫苗专家 Stephanie Cave 博士推荐的疫苗计划[①]:

- 出生时:乙型肝炎,仅限于母亲也是阳性乙型肝炎,否则,不必注射。
- 4 个月:乙型肝炎病毒表面抗原。
- 5 个月:白喉、破伤风和非细胞性百日咳疫苗。
- 6 个月:乙型肝炎病毒表面抗原。
- 7 个月:白喉、破伤风和非细胞性百日咳疫苗。
- 8 个月:乙型肝炎病毒表面抗原。
- 9 个月:白喉、破伤风和非细胞性百日咳疫苗。
- 15 个月:麻疹。
- 17 个月:乙型肝炎病毒表面抗原。
- 18 个月:白喉、破伤风和非细胞性百日咳疫苗。
- 24 个月:肺炎球菌疫苗(仅 1 剂)。
- 27 个月:风疹。

---

① 编者注:与中国疫苗计划不同。

- 30 个月：流行性腮腺炎。
- 4 岁：水痘（如果还没有形成免疫力）。
- 4 到 5 岁：乙型肝炎系列。
- 4 到 5 岁：白喉、破伤风和非细胞性百日咳疫苗，灭活脊髓灰质炎疫苗。
- 4 到 5 岁：对麻疹、腮腺炎和风疹三联疫苗的效果进行测试，如果孩子还未形成免疫力，就必须重新对发现为阴性的进行免疫接种。

建议：如果你的儿科医生对以上这些接种建议有疑问，请再换个医生咨询一下。儿科医生可能会考虑到婴儿正在发育，从而建议父母通过数月乃至数年的观察，了解孩子接触各种食物（固体食物、奶制品、鸡蛋、鱼、坚果等）的反应，以避免过敏，但是也会建议同时接种免疫计划里的多个疫苗。如果医生的做法有违免疫计划，请详询原因。

急救

非常有必要在家里配备急救箱，同时父母也应知道如何使用急救箱。大家可以在当地的消防站或医疗便利站，学习一堂急救课。这样我们就不必在意外发生时着急去找医生而耽误急救时间，或是因为类似医疗机构一时搞不清状况而对孩子造成二次创伤。

为了及时应对小的割伤和擦伤，孩子玩耍时可以随身带上一个创可贴，以备不时之需。可以让孩子试着在你身上贴一下，或是你给他们示范一下。如果孩子有慢性病，试着模拟他们需要应对的问题情境，以使得孩子在遇到问题时不那么紧张。

就医或紧急就诊的准备

如果带孩子看医生或去其他相关机构，可以带一些能够让孩子放松的东西，例如孩子最喜欢的玩具、毯子，或者 iPad 之类的电子产品，或者其他能够吸引孩子注意力而使孩子忽略医疗设备的东西。带孩子参观医疗机构，提前让孩子熟悉环境，对于减轻孩子可能存在的压力将会非常有帮助。

同样地，带孩子看一些以轻松舒适的视角描绘就医过程的电视节目，对孩子也会有作用。这能帮助孩子熟悉这个过程，放松心情。

♥

还可以和孩子一起扮演医生的角色，让他熟悉诊所里发生的事情以缓解压力。父母和孩子可以给彼此做一个模拟的医生检查，因为也许真的去看医生的时候，医生也会让孩子做些事情，例如试试听诊器，或者拿着牙镜，或者帮忙升高或降低检查台、椅等，以获得孩子的信任。

♥

还可以和孩子一起在医院这样的地方溜达一下。医院对四处走动可能会有所限制，但以我的经验，医院工作人员通常都很了解自闭症儿童以及他们的焦虑感。家长带孩子稍微走走能够缓解孩子的焦虑感。

年龄稍大的自闭症儿童

尽管这本书曾多次提到早期干预能带来更好的效果,但这绝不意味着,也不应该,挫伤那些年龄稍大一些的自闭症儿童的家长(也包括我自己)的积极性。实际上,在任何年龄段都可以开始对自闭症进行生物医学和其他疗法的干预,包括青少年和成人。我就听说过很多这样的案例,处于各个年龄段的自闭症患者在经过各种疗法的干预后都有了显著进步。我自己的孩子 Alex 所取得的大部分进步也都是在 14 岁以后。

寻求帮助

家长可以寻找一个生物医学领域的"内行",就是那种在自闭症知识方面水平远超于你的人,以获得帮助。这个内行可能是你所认识的另一位来自父母支持小组的家长,或者是孩子所在学校的人员。如果社区附近没有能特别信任的人,你可以联系像"全国自闭症协会"(NAA)、"自闭症治疗论坛"(TACA),或者是"代际救援"(GR)这样的组织。这些组织能够提供身为生物医学领域专家的父母名单,这些父母十分愿意花时间和那些不熟悉自闭症新进展的父母进行分享交流。另外可以查阅"全国自闭症协会"及"代际救援"的官方网站。"全国自闭症协会"在这里将分享经验的父母称为探险专家,"代际救援"则称他们为救援天使。

第 4 章

财 务

"如果买了不需要的,很快就得卖掉所需的。"

——Benjamin Franklin

量入为出

几乎所有自闭症儿童的家庭都身处财务困境,我也并不例外。家长或许期待这世上会有一个自闭症患者的秘密基金或某个用来支付治疗费用的魔法账户,可惜并没有。自闭症家长将会面临财务挑战并且被迫做出艰难的财务决定。基于自己的经验和其他专家的建议,我提出一些切实可行的财务规划建议,希望能帮助大家缓解财务压力。同时也提醒大家,ABLE[①] 免税账户的提案刚刚通过并被写入了法律;我们在这里不再介绍细节,详情请询问自己的财务规划师或会计师。

虽然政府提供了一些财务方面的帮助,特别是医疗补助,但对于自闭症家庭来说,这还远远不够。孩子也许还能领取补充性保障收入(SSI),但是能获得的补贴也只有这些了。你可能会动用甚至花光存款,不得不去借钱,特别是如果采用生物医学疗法和其他替代疗法,这些疗法将会花费更多,因为它们大部分都不在保险覆盖范围之

---

① 译者注:ABLE 英文中是 Achieving a Better Life 的缩写,意为实现更好的生活体验。

内。为了合理支出,你需要一个周密的往往也更昂贵的计划,并且必须做出从财务角度来说不一定合理的决定。家长得知道,在治疗长期没有进展的情况下,花销只会越来越大。所以尽管制定详尽规划看似会带来暂时的财务挑战,但实际上从长远来看,终将会从中受益。

> **关键提示**
>
> 一旦孩子被诊断为患有自闭症,或者自闭谱系障碍中的任何一种,按照相关法律,他都有资格享受医疗补助。大家可以搜索所在州的"医疗补助豁免计划",找到一些组织,他们可以免费帮你走完申请程序并告诉你豁免计划包含哪些福利。

你还可以通过州或地方法律找到其他资源。这些法律旨在帮助残疾儿童(包括自闭症儿童,但可能没有具体到比如设立伤残人士泊车位这样的规定)。请调查了解附近地区能够为孩子提供的帮助以获得最大利益。还可以和育儿专家交流,或者询问当地的州代表,他们也希望能够帮助自己的选民。

注册会计师 Kim Mack Rosenberg 和 Mark L. Berger 的税务建议

这里提供的信息仅供家长参考,并不能代替税务顾问为您提供的税务咨询,毕竟他们更了解您的财务状况。虽然这两位会计师尽力做到准确，但他们并没有对以下所列信息作出任何明示或暗示的保证。通常情况下，大家还是应该查询官方文献和出版物，询问自己的税务顾问，以了解可能适用于自己的现行规则和条例。

● 超过调整后总收入的前7.5%的医疗费用是免税的。而在前7.5%之内的医疗费用则需要缴税（即使你的支出超过你调整后总收入的7.5%，也只有超出部分可以免税）。

● 即使你认为自己没有资格享受医疗费用免税，也要保存全家的医疗收据。因为你无法预料什么时候会收到一张天价医疗账单或是遭遇家庭经济变故，从而使你越过了7.5%的门槛规定，能够享受免税。

● 美国国税局的502号文件可以帮你确定哪些费用是免税的。你可以在其官网（www.IRS.gov）上搜索相关内容。502号文件也列出了一般不可免税的花销，但在这些类别中也有例外情况，例如减免一些有特殊需要的孩子所需要的医疗费用。

● 请从医生那里拿到孩子需要治疗以及相关费用的证明，像职业治疗、物理治疗、言语治疗、补品提供、特别的玩具或设备、顺势疗法、高压氧舱治疗、参加与病情或治疗相关的会议或者购买相关书籍、参加典型课程（例如社会化课程，如果这于治疗非常有必要）。如果你为医生尽可能地提供便利，他们通常也会负责任地帮助你——他们也希望孩子得到他或她所需要的治疗！请保留这样的证明以备核查。

● 医药师根据医生的诊断所建议的有医疗意义的补品的费用也许可以减免，但那些仅仅为了一般性身体健康而服用的补品的费用则无法减免。

● 治疗学校的学费作为医疗花销一般都可减免。但如果在之后的纳税年拿到补助,你需要解释清楚这笔款项,在某些情况下,补助款的一部分会被算作收入。补助款(包括保险补助)在扣除相应治疗费用后应纳税。如果你不扣除学费,就得不到补助,从提交纳税申请表的当天起,三年内你可以申请年度返还并修改你的申请表。

- 与治疗有关的乘车出行,你可以在法定里程率(它每年都在变化,且在医疗和商业用途的计算有所不同)和实际费用(主要是汽油和润滑油的花销)中选择更划算的一个进行报销。除了减免实际费用或者法定每公里报销费用外,通行费和停车费也可减免。如果因为看病用车,并按照标准的医疗里程率报销,你应该保存里程记录(建议可以直接放在车里,以备不时之需)。

- 为了解孩子的病情和治疗方法而参加的会议费用,以及来往交通费,都包含在医疗花销中。但是,会议期间的三餐和住宿不包含在内。

- 医疗目的的旅行费用(包括同行父母的费用)是可减免的。住宿费用(按法定的比率)也可在出城就医的情况下报销。但是三餐费用不可减免(医院或类似机构的病人除外)。

- 膳食费用不可减免(医院或类似机构的病人除外)。

- 特殊饮食(如无麸质/无酪蛋白饮食)和"正常"食物的成本差异,如果是由医生为减轻病情而指定,则可以减免。如果想获得处理这些复杂计算的便捷模板,请登录 www.TACAnow.org。

- 请评估雇主提供的计划,例如弹性开支计划,因为这会让你有可能用税前收入支付医疗费用。

- 弹性支出计划偿付的医疗费用不能算作减免税收的医疗费用——假如你用税前收入支付了这笔费用,就不能"两头减税"了。(换句话说,如果已得到弹性支出的补偿,就不能再申请减免税款。)

- 用税前收入支付的保险费(许多员工都属于这种情况)是不可减免的。如果你是个体户,这些保险费(而不是医疗费用)可能会有不同的税收。
- 在平衡弹性支出和保险费用方面,如果你认为一笔费用可以由自己的保险支付,可以先把它交给保险公司。请明智合理地使用弹性支出。
- 保险不涵盖以及不免税的费用仍可使用弹性消费。这些项目还包括一些非处方药。请参阅补偿项目的弹性支出账户信息。如果能用税前的钱来偿还那些不能免税的项目,那么在那些项目中就可以使用弹性消费的钱。
- 医疗花销在达到保险起赔额和共付额后可以免税。
- 最好的做法是保留收据,并随时记录,以备审计。
- 医疗费用的记录应该包括收款人的姓名和地址,支付的金额和日期,提供的服务或物品的描述,以及提供的具体日期。
- 信用卡和支票更容易查证,请不要用现金支付医疗费用。
- 如果孩子或全家有很多医疗费用,一定要定期管理好文档。假如文件堆积如山,项目就可能丢失,整理起来也会异常繁复。请创建一个适合自己的归档系统。
- 拆分每个项目以向保险公司索赔,最好一个信封一个索赔文件。这样分开整理而不是成堆乱放,可以避免丢失。
- 保留索赔表单和供应商的账单/收据的副本,以防保险公司将它们弄丢而需要你重新提交,并有助于追踪已偿和未偿索赔。请注意副本上申请索赔的日期。从保险公司得到一份收益说明时,可以把它附在这些文件上。

- 学习正确阅读保险公司的"收益说明",以确定某项索赔的可免税金额,并确定自己了解所有可能的免税项目。根据医生和其他供应商与保险公司的协议,保险公司将会支付一定比例的医疗费用,免税额则将在剩下费用的基础上进行结算。剩余费用可能包括:"未覆盖金额"、共付额、免赔额以及共保额(例如,如果你有一个70:30的计划,你的30%的部分才是可减免的医疗花销)。

- 为了帮助自己和报税人有效地、准确地准备税务申报,请创建一个文档(可以采用自己习惯的方式,如word文档处理、数据库或电子表格程序),或者使用一个资金管理程序,以便分类别、分群组地记录费用。创建文档时,不必全盘重来,可以使用原来的文档并每年保存一个新版本。

关于税收

在核对税款时,如果发现过去几年有漏申请的津贴,可以在提交原始报税单的3年内提交一份修正后的报税单。

其他照顾者,如祖父母、婶婶和叔叔,甚至非亲属照顾者,都可以通过各种方式获得税收优惠。一定要告知报税人所有用于帮助孩子的花销(即使不是你自己的孩子)。不过,请确保你满足税收优惠的条件，因为这是由美国国税局严格规定的。

请孩子的医生、治疗师和其他专业人士出具证明信，说明孩子每年所需的治疗和药物并将这些信件存档。如果国税局审核相关医疗费用免税情况，这些信件将起到重要作用。

保险

支付医疗费的过程可以比作一个水桶系统：

- **水桶一**：保险/医疗补助。如果费用不包括在内，则使用水桶二。
- **水桶二**：灵活支出账户。如果没有资格使用该账户（或者账户没有余额），那么就使用水桶三。
- **水桶三**：医疗费用减免。如果它可以被界定为"超棒的医疗费用"，那么就把它留到报税季节吧。

请记住，保险是门生意，保险商总是希望盈利大于支出，所以这种情况下肯定是"会闹的孩子有糖吃"。

也许你会因为家有自闭症患儿而需要重新安排工作计划或者改变职业生涯，但是请记住，因为自闭症的相关药物和治疗费用昂贵，所以无论是通过雇主还是某些组织来协助安排，作为家长，你都应该有一个合理的保险计划。虽然很多法律在医疗保险方面已有所改进

(特别是对于 ABA 疗法)，但目前许多治疗方法仍未被纳入政策优惠的范围。所以家长一定记住，一旦孩子有了明确的诊断，他们就有资格享受医疗补助，虽然补助有利有弊，但是总归可以经常性地为孩子提供帮助。我在本书中多次强调了这一观点。

特殊需要信托

特殊需要信托(SNT)有两个主要功能：

首先，它可以为孩子提供资金管理，特别是在孩子自己无法办到的情况下；其次，它可以维护孩子获得公共福利的权利，包括医疗补助、SSI，或任何其他项目。以下是一些有关 SNT 的建议：

- SNT 允许你在不占用公共援助(如医疗援助等)的情况下为帮助病童留下一笔资金，并确保你的其他孩子不会因此而负担过重。
- 你可能认为你现在不需要 SNT，但是请记住，事情总在变化。社会公益项目在过去几年就发生了很多变化，兄弟姐妹可能也会各有各的困难。而 SNT 可以为孩子提供一个安全的未来。
- 你需要一位有特殊需要信托经验的律师来帮助你创建信托。此外你也可以向其他父母寻求建议，或是联系医疗补助协调员，因为这些组织有时会提供折扣或免费法律援助。你还可以请负责你生活其他方面的律师帮你引荐相关专家。
- 你需要会同自己的法律和财务顾问，讨论并选择一个合适的受托人来管理 SNT。
- 与上述专业人士会面以评估你目前的情况，分析信托计划对个人财产和援助项目的影响,然后根据需要进行调整。

教孩子建立金钱观念的一些建议(Joseph Campagna)

教育中有句古话,"要站在孩子的角度理解孩子"。我虽然不能自诩为老师,但是我的确曾经是个孩子(也许某种程度上现在也还是),所以我能够了解孩子的想法。

我上学时表现挺好,但从来没有发挥出我的潜力(有人这样说我)。但我知道我喜欢阅读和学习感兴趣的东西或者我需要知道的东西。也许正是这些使我不至于表现很差。

我认为,当谈及个人案例时,交代清楚背景对于我们这个群体而言是极其有必要的,这样读者就能结合自身情况进行考量。我读过很多正面的故事,也为每个人的成功喝彩,但我发现这些案例与我的孩子无关,因为他们病情不同。我更不会自作主张地把儿子归类到阿斯伯格综合征去!

我儿子 Chris 已 16 岁了。他被诊断为非特定的广泛性发育障碍,能开口说话。他的学业水平大概处于三到四年级。他在社交上有些困难,容易产生刻板行为且言语得依赖脚本。从持续性的行为失调到闯入广告业并闻名美国,Chris 经历了许多。现在我们俩和我妻子、女儿还有爱犬一起住在曼哈顿上东区。

现在我们开始进入正题……

我儿子的爱好只有两个:食物和录像。

然而,我在他身上看到了一点(或者更多)我的影子。一个相似之处是我们都是实践性学习者。我在纽约长岛长大,家庭条件一般,但一直都有零花钱。按照今天的说法,它可以叫做"绩效薪酬"。这激励了我,因为我父亲的观点是:"你可以做任何你想做的事,拥有任何你想拥有的,只要你自己负担得起。"

我当时一周可以得到 5 美元零花钱,即使是 40 年前,这也不济多大事儿。因为零花钱数额不大,我在青少年后期才逐渐萌生出打零工的想法。现在我也用类似的方法来激励儿子。我们每周给 Chris 20 美元的零花钱,作为他日常工作的报酬。这些工作主要是一些基本的卫生任务,例如整理床铺、清理垃圾、卸下洗碗机,还有喂狗。我得说,Chris 多数情况下需要督促才能完成 99% 的任务,而如果无人督促,他也能完成 80% 左右的任务。

Chris 终于"赚到"了自己的钱! 这使得他有能力购买他想要的商品和服务。通常我们会在周六早上从我们公寓出发穿过第 96 街(一条繁忙的街道)到小饭馆吃饭,或者从康涅狄格农村的奶奶家出发到邻近小镇去。Chris 一定会用自己的钱(包括他的零花钱和节日红包,比如生日红包)去买他的早餐。一吃完早餐,我们就做"菜单算术"的游戏。Chris 必须从菜单上清点出他的账单(我允许他使用 iPhone 计算器,但他也有不用计算器就完成的时候),然后找零。虽然他的表现时好时坏,但总体来说还是不错的。几年来我们一直尝试让 Chris 在皮夹里装上身份证,但他没有兴趣。不过,现在他会在背包里放上装着钱的钱包和 iPhone。这个背包他走到哪里都会带着。这个背包特别的作用就是当我们去购物的时候(去杂货店或者塔基特百货),他知道我不会再给他买任何东西,所以他就可以用自己钱包里的钱。这就给我所谓的"购物讨钱"设置了一个自然的上限。这个方法同样适用于我正常的女儿！

后来我们增加了去小饭馆活动的难度，我们让 Chris 独自穿过第 96 街步行到餐厅。我们住在街对面，一边通往小饭馆（第 96 街），另一边通往星巴克（麦迪逊大街）。从小饭馆再往前走三个门就是花旗银行支行。Chris 的行为有些刻板，但有一个好处是，他从来没有试图在红灯的时候穿过街道。这让我有信心尝试让他自己去银行和餐馆，并直接在目的地和他会面。虽然这个想法让我纠结了好几个月，但我最终还是鼓起勇气去做了。

首先，我问 Chris 他是否想独自前往，他毫不犹豫地同意了。然后我解释说我们会一起出发，我先去星巴克，然后和他在餐厅见面。星巴克有很大的窗户，透过这扇窗我看到 Chris 小心翼翼地走过街角。说实话，这是我一生中屏气凝神最长的一次！他做得很好。有一次，他一过了马路，我就走出星巴克到街角去，在那儿我看到他站在花旗银行门口。他在 ATM 机上遇到了一些麻烦，但当有人出来时，他终于进去了。我小心翼翼地看着他走出来，往小饭馆去了。当我到达餐厅的时候，他就像往常一样坐在我们平时坐的雅座上。我们已经光顾这家店十多年了，因此和餐厅工作人员的关系很好。他们知道 Chris 对乳制品过敏。如果 Chris 独自去了，他们也会打我的手机通知我。坦白地说，我没有怎么接到过他们的电话，因为我喜欢和 Chris 一起去。

我希望在用餐体验的基础上，增加一个工作体验的机会。上个星期，我问经理 Chris 是否可以每周做几个小时的杂工。他说他要问老板。我还去了本地的高中领取了 Chris 的雇用证书。这是一个相对简单的过程，填好表格就可以领取相应文件。具体内容我们以后再谈……

我们现在已经将货币概念扩大到了银行业务。在 Chris 16 岁以前，他不能有自己的账户。于是我用一张单独的提款卡在我的名下开了另一个账户。它与我们的主要账户相关联，这样我们就可以通过保持最低余额来避免每月的额外费用。我们在账户里放了不超过 100 美元的存款，还可以通过电脑或自动取款机转账。经过一些训练，Chris 现在可以使用 ATM 机进入花旗银行并用密码取钱。他每次都取同样数量的钱，所以靠的是死记硬背，但他很在行。另外，我本来预计从开户至今一年半的时间内，我们会用到一些增补替换卡，但是事实上我们从未申请过。

还有一些挑战性目标我们目前正在努力实现：
- 辅助就业。
- 乘大巴境内旅行。
- 用 iPhone 登录银行账户。
- 更多地使用他的 iPhone。

这里有几点需要牢记：
- 发现孩子的优点，并试着根据其能力创造机会（例如：Chris 从来没有在街上闯红灯）。
- 增加孩子熟悉的人和地方，以此扩大孩子的自主行为（Chris 爱吃晚餐）。

- 了解孩子的动机并使用工具激励他们，创造随机教育的机会（例如：金钱和菜单算术的力量）。
- 相信自己的经验（在我的童年时期，零花钱功不可没）。
- 如果你不尝试着去信任他人，你将永远无法信任他人。信任他人总是涉及结果未知的风险。对我们这个群体来说更是如此，但是信任对我们来说尤为重要。你可以试着用一种能让你适应风险的方式来构建一个全新的信任体验（例如我选择在星巴克看着 Chris 过马路）。

不管是什么建议，如果有道理，大家不妨试一试。如果成功，那种感觉真的会很棒！如果没有成功，还可以试试别的办法。要始终记得，同一种模式并不一定适合于所有自闭症孩子。

第 5 章

教　育

教育不仅是学习既定知识，更是训练大脑积极思考。

——Albert Einstein

回到学校

请大家记住，父母是孩子的责任人，拥有监护孩子的权利。请把自己看成是安排孩子生活的首席执行官，而教育只是其中一个部门。如果从学校没有得到所期待的结果，家长可以尽自己所能促成改变。要知道家长对于学校系统的影响力远比自己认为的要大。

早期干预

有关早期干预方面的服务，如果孩子不到 3 岁，家长可以致电当地的早期干预机构。并可以在以下网站：www.ddrcco.com/states.htm 查看所在州的发展性残疾机构，以获得更多信息。

年龄为 0—3 岁的儿童和学龄儿童可以在其所在州获得言语和表达能力的训练。您所在州的政府机构会公布申请评估的联系方式，这一评估结果将决定儿童是否有资格享受上述训练。政府可能也会通过评估来确定学龄儿童在学校环境中对语言治疗的需求。此外，还可以通过美国言语语言听力协会（ASHA）的网站（www.

ASHA.org)找到有资质的治疗师,或者询问孩子的医生,抑或是联系当地的支持团体和机构。

——Lavinia Pereira and Michelle Solomon, "Speech-Language Therapy", *Cutting-Edge Therapies for Autism*

学校关系的处理

请搜集学校相关人员如老师、校长、副校长、管理员、校监等的电子邮箱地址。家长如果发邮件反映问题,请尽可能多地抄送给高级别人员。在典型的官僚体系中这样做可以推动问题解决,也方便留下书面记录。同样地,如果有正面的事情要说,也可以这么做。例如你可以在邮件中表明你已知悉相关事宜,将会采取措施,并发表评论。会哭的孩子有奶吃,大胆表达也许不是你的行事风格,但这种方式在现在的大环境下确实有效,更何况这关乎孩子的切身利益,所以发送邮件时还是多抄送给相关人员吧。

如果家长和孩子的教育委员会(BOE)谈话,请记住这个词:"适合的教育"。残障人士教育法案赋予了孩子享受适合的免费公立教育的权利。如果教育委员会不能为孩子提供免费的公立教育,他们就应该支付适合孩子的私立学校的费用。适合并不意味着最好,请牢记这一点。最高法院将适合的教育计划解释为"必须在合理评估的基础上为每个孩子提供教育福利"。

这个计划在操作中实际上存在问题。因为个别化教育计划通常是每年制定一次，但理想情况下，孩子的进步速度会更快，所以如果发现当前的个别化教育计划已经不再适合自己的孩子，家长可以要求召集一次专门会议以调整计划。

♥

如果家长认为私立学校是最好的选择，但同时又想节省 6 万—10 万美元的高昂学费，这时就需要教育律师的帮助。注意，是专门处理教育问题的教育律师，而不是碰巧是个律师的随便什么史蒂夫叔叔或隔壁邻居。你需要的是教育方面的专家。你可以询问你想让孩子上的目标学校，因为他们可能有其他父母常用的律师名单。然后你需要和他们面谈，从中选择一个你中意的，并向他咨询能够给予的建议。

♥

请和老师及学校保持积极沟通。我自己是每天早上都会给学校发电子邮件，告诉他们 Alex 在前一天晚上做了什么，现在正在做什么，有什么问题需要注意，并请求回信反馈。

请与老师和学校保持专业的、稳定的关系。如果觉得学校做得好，就及时表达，也许还可以送一个小小的节日礼物，如果觉得学校做得不好，觉得遇到问题或担心的事，也要毫不犹豫地表达。我也曾遇到过阻力。不过我只是稍有疑问，校方就非常尊重我的意见，及时解决了问题。

♥

在每日发送的电子邮件中，应该把孩子在家里发生的可能影响在校表现的事情及时告知学校。例如孩子头晚没睡够 8 小时，或者是早上不愿意上学。

另外请向学校员工说明孩子的基本情况。虽然他们手头也会有诊断书和相关文件，但是要知道，自闭症孩子各有各的不同，而家长是最了解孩子的专家。请告诉他们自己家孩子各方面的情况，比如独特的想法、需求、技能和长处。

注意：如果公立学校告知家长孩子不能返校上学，这是违法的，除非孩子是在治疗期间。但是私立学校是可以这么做的。

找到最适合孩子的学校

在择校过程中，请关注学校是否能为孩子提供最适合的教育和治疗环境。如果孩子有严重的感官问题，而又长期待在过于拥挤吵闹的学校，恰当的教育方案也无法实施。相对而言，一个小规模的安静的班级可能比教育方案本身更重要。总之，请务必为孩子选择一个最适合孩子并能让他充分发挥潜力的学校环境。

如果参观推荐的治疗项目或学校，家长应该关注以下问题：
- 这个项目的教育理念是什么（ABA、DIR 或者 TEAACH）？
- 班级规模以及教师和助教的配给比例是多少？
- 学校使用当前项目（ABA、DIR 等）的时间有多长？
- 有语言障碍的孩子如何交流？
- 该项目有何成功之处？（如：孩子们通过课程过渡到了限制性更少的班级。）

- 学校能为父母提供哪些课程？
- 这所学校的老师教龄有多长？
- 学校老师是否有教育自闭症儿童的经验？
- 学校能够提供哪些自闭症所需相关服务？
- 目前老师在课堂上为学生提供了哪些服务？
- 学校是否有一名获得相关专业资质认证的顾问或主管？
- 顾问/主管是否会对学校员工进行长期持续培训？
- 班级的年龄构成是什么？（注：只允许每个班有三年的年龄跨度。）
- 特殊教育儿童在哪里吃午餐和娱乐？
- 是否有融合教育的机会？
- 员工如何处理特殊儿童的行为问题和/或自我伤害行为？
- 学校使用什么类型的强化物？
- 学校是否有医疗人员？
- 请记得去现场观察一个班级，并做好笔记！

为了选择更适合的学校，也许家长还可以考虑移居到另一个州。有些州会将更多的预算用于社会服务，因此会提供更多的特殊儿童服务。这些州的自闭症儿童比例相对也就更高，这样就有更多的家长网络以及更专业的学校。因为你急需所有你能得到的帮助，所以先别管政治立场，而去找那些对"自闭症家庭"最友好的州。Easter Seals公益组织[①]编制了各州自闭症支持情况排名表，详情可登录：

---

① 译者注：Easter Seals是美国一个公益组织，旨在帮助残疾人实现其最大潜力。

www. easterseals. com/explore-resources/living-with-autism/state-autism-profiles. html,在上面可以了解到你所在州的排名。

💙

家长还要选择使孩子显得不那么另类和特别的学校,因为孩子们会对别人毫不留情地评头论足。学困学校的孩子相对更能够接受他人与自己的不同,他们也很少在意一致性,即使他们只是有阅读障碍。

💙

在学校里,孩子的班级应该配备和孩子数量相同的老师和助理。如果你的孩子处在自闭谱系中高功能的一端,那么就专注于班级主流文化和典型的同伴互动。如果孩子处在谱系中更有挑战性的低功能的一端,就要优先考虑高师生比和是否有大量治疗时间。

💙

对于父母和专业人士来说,让孩子主流化是教育的目标。虽然这个目标很重要,但更重要的是要考虑孩子在这些机构或学校是否有成就感。教师在班级树立典型榜样也许有好处,但孩子们反倒常常在交往中因此相互讽刺。孩子在学习上也许能够跟上正常班级的节奏,但在社交方面,他或她可能会落后。所以要问问自己:我的孩子从这些榜样身上是获得了积极经验,还是在这种环境中感到被欺负、孤立或无能?

——Laura Hynes,LMSW,RDI Program Certified Consultant

交流与行为的关系

记住,行为也是交流方式。如果一个不会说话的孩子没有言语的交流系统,他们会学着用适当的行为去交流。教育工作者和家长们常常不愿使用其他的交流系统(如图片交换沟通系统、打字、手语等),他们害怕这会阻碍言语的发展,就好像放弃了孩子或学生的发展一样。然而,研究表明事实恰恰相反:这些替代的交流方式提高了孩子说话的能力。

——Chantal Sicile-Kira, author of *Autism Life Skills*

❤

如果没有教给孩子有效的交流途径,他只能依靠行为沟通。

——Temple Grandin

促进沟通

家长可以制作自己专属的图片交换沟通系统(PECS)。我自己是拍了我儿子最喜欢的食物、活动和地点的照片。用 iPhoto 或类似的程序,您可以将钱包大小的照片打出来分类放入相册或名片盒,方便在家里和路上使用。

❤

如果家长只是简单地把零食直接递给孩子,孩子就失去了需要表达和讨论的机会!但如果把两种不同的零食放在一个透明的袋子里,孩子在吃东西之前就需要和你交流以及讨论究竟要哪一个,这样就创造了表达的机会。

> **关键提示**
>
> 这个建议对于我们这些家有语言障碍孩子的家长来说可能会产生颠覆性的作用。因为它很简单,就是去买一个 iPad。现在有一些很棒的交流应用软件,包括 Proloquo2go、AutisMate 和 Avatalker(www.avatalkeraac.com)等。此外,如果孩子是语言障碍人士,家长有权让当地的教育委员会支付语言设备的费用,包括设备损坏维修的费用,以及保护套的价格(我推荐奥盾士 OtterBox 的防御套系列)。以下是我的一个简短演讲,介绍了 iPad 是如何帮助 Alex 的,以及其他与该设备有关的有用信息。

2014 年 2 月 27 日,本人于纽约 SOHO 商业街的苹果零售店所作的简短演讲:

我儿子 Alex 是一个有语言障碍的 15 岁的自闭症男孩,目前就读于曼哈顿的公立学校。他已经使用 iPad 3 年多了,并且喜欢使用娱乐性的网站(YouTube)和英语辅助沟通软件(Proloquo2go),这是他的主要交流方式。今晚,我将分享这项技术是如何帮助 Alex 克服挫折感,走向独立的。我还将讨论如何通过教育委员会或者医疗补助制度,促使政府支付其在个别化教育计划中称作动态显示言语生成设备，实际上也就是 iPad 的费用，也只有那些政府官员才会把"iPad"叫做"动态显示言语生成设备"。

挫折感：在 iPad 出现之前，Alex 不得不依靠手势、猜测和图片交换沟通系统来表达他的需求和想法。我们完全可以想象，这种交流方式效率十分低下，这让 Alex 和照顾者都感到非常沮丧。特别是当他觉得不舒服、饿了，或者如果有人和他在一起等，Alex 会经常因为无法表达自己的要求，交流不畅而崩溃，甚至会对自己和身边的照顾者做出攻击行为。

自从有了 iPad，这种情况已经大大减少（我估计至少减少了90%），因为他现在可以轻松地与任何人交流他的想法、需要和感觉。同时，我和其他照顾者发现 Alex 现在有很好的理解和接受能力，并且真的很聪明。他在家里和学校都变得更加自信就是很好的说明。

独立性：iPad 促进了 Alex 独立性的培养，之前 Alex 在室内娱乐的时候需要他人协助，例如帮他打开电视，播放录像带或者是安装电脑游戏。现在 Alex 可以自己在 iPad 上做这一切，他也有动力去做，这多亏了设备的便捷性和逻辑性。

这三年里，Alex 总体上已经变得更加擅长交流了，这要归功于他现在在能够表达自己观点上取得的成绩。这也使得他的"声音"，也就是他对单词的模糊发音，逐渐变得更加清晰，这令我非常兴奋。今天早些时候，Alex 和他的语言治疗师待在一起，他还第一次清楚地说出了"牛奶"，以指代杏仁奶。

费用报销：教育委员会为 Alex 支付了他的 iPad 以及应用程序的费用。他会把设备带到学校等任何需要的地方，这样一来，他可以持续地表达自己，也可以参与他最喜欢的课程。为了报销相应费用，需要让孩子接受评估以确定他们有语言障碍或者能够通过这个设备获益。一旦这点得到认证，如在学生的个别化教育计划中得到确认，那么教育委员会或医疗补助将会支付设备和应用程序的费用。

要获得某一个应用程序或设备（因为现在的选择很多），您可以对孩子使用目标设备/应用程序的情况进行评估。

针对 Alex 的情况，我请教育委员会的技术团队在 iPad 上测试他，他很轻松地操纵设备并顺利通过了测试，因而得到了一个免费的设备。要注意，无论何时设备损坏，教育委员会都可以帮忙替换，前不久我们就遇到了类似的情况（此外还可以申请一个设备保护套）。

所以，如果你有一个能从这项技术中受益的孩子，或者在工作中会与这样的孩子打交道，请和学校、治疗师或者社工确认能够报销相应设备和应用程序的费用。

总之，iPad 给我们带来了颠覆性的改变。它帮助 Alex 开口说话，让我自己和其他人能够知道他真正理解了多少，并为他提供了获得独立性和自信心的机会。

来自 Temple 博士的沟通建议

这一节的小贴士来自于 Temple Grandin 博士，她是《形象思维》（*Thinking in Pictures*）和《我心看世界》（*The Way I See It*）两本书的作者。（详情请登录 www.autism.com/ind_teaching_tips.asp）：

有些自闭症患者不知道语言具有交流的功能。如果语言练习促进了交流,语言学习就会变得容易。例如,如果孩子想要一个杯子,就给他杯子。如果当孩子想要杯子却指示成盘子,那就给他一个盘子。这样孩子逐渐明白当他说出什么,实际就会发生什么。对于自闭症患者来说,如果说错了词语带来了他不想要的错误的结果,那么他们会更容易明白刚才所说的词语是错误的。

♥

家长要知道,口语理解困难的孩子很难区分 dog 中的"D"和 log 中的"L"这类浊辅音。我的口语老师教我通过延长的发音以及清楚的浊辅音倾听别人的发音。即使孩子通过了纯音听力测试,他仍然可能很难听清浊辅音。用元音发音的孩子是听不到辅音的。

♥

许多自闭症患者都是视觉思考者。我也是这样,擅长通过图片而不是语言进行思考。我所有的想法就像是在头脑中播放录像带一样。图片对于我是第一语言,文字则是第二语言。就我而言,名词是最容易学习的,因为我可以在脑海中根据形象构建出相应的画面。

♥

学习语言时请避免使用长串的口头指示,因为患有自闭症的人在记忆序列方面存在问题。如果孩子能够阅读,家长可以把指示写在一张纸上。比如我就无法记住顺序。如果在加油站问路,我只能记住三个步骤,有三个以上步骤的指示就必须写下来。我也很难记住电话号码,因为我无法在脑海中画出相对应的一幅画面。

♥

有视觉处理问题的人通常会发现,如果在彩色纸上打印黑字降低对比度,就更容易阅读。因此在阅读时请试试浅棕色、浅蓝色、灰色或浅绿色等各种不同颜色的纸。但要注意避免明亮的黄色,它可能会伤害眼睛。另外还可以戴上有色眼镜,它也会让阅读变得容易一些。

有些自闭症儿童通过字母拼读法学习阅读更容易,而有些孩子记住整个单词的学习效果更好。我是通过前者学习的。我母亲教我发音规则,然后让我自己尝试说话。如果使用抽认卡和绘本,有频繁言语模仿行为的孩子会获得最好的学习效果,因为这样整个单词就和图片联系在一起了。在卡片的同一面既有图片又有文字是很重要的。在教授名词时,孩子必须听你说单词,并同时看图片和印刷字。在教动词时,也同样可以一边拿着写有"跳"字的卡片,一边跳上跳下,嘴里说着"跳""跳",从而激发孩子学习和模仿。

有几位家长告诉我,在电视上使用字幕也可以帮助他们的孩子学会阅读。孩子能够读懂字幕,并能把文字和口语匹配起来。把孩子喜欢的带有字幕的节目录进磁带会很有帮助,因为磁带可以反复播放和随时停止,非常方便。

《残疾人教育法》(IDEA)

该法案于1990年通过,旨在在尽可能少的限制条件下为有学习障碍的孩子提供一种适当的教育。父母在为孩子选择最适合的教育方面是学校的合作伙伴。为了做到这一点，父母需要熟悉法律，这样父母就会知晓自己的权利以及孩子可以得到的服务。

❤

家长要特别注意，这个法案直到孩子高中毕业，或者至少到孩子21岁，对孩子都是有效的；在此之后，每个州提供的服务则不尽相同。根据《残疾人教育法》，无论孩子在哪方面有缺陷，都有权获得免费和适当的公共教育（FAPE）。在此背景下，美国高级法院用"适合"一词代指"在合理评估的基础上为孩子提供教育福利"。"此外，在这个法案下，所有的孩子都将被置于尽可能少的限制环境中。"请记住：特殊教育是一种服务，而不仅指一个场所。

❤

根据《残疾人教育法》，诸如语言治疗、职业治疗、视觉治疗和行为疗法等服务，都可以由学区提供给孩子，条件是个别化教育计划团队开会时将其定为学生个别化项目不可或缺的一部分，并写入该个别化教育计划。家长需要了解他们所在的学区服务的质量，他们的权利，以及在该地区能最好地评估孩子的专业人员。

——Chantal Sicile-Kira, author of *Autism Spectrum Disorders*,
www.chantalsicile-kira.com

关于《残疾人教育法》的更多建议

《残疾人教育法》规定，父母有权要求在任何时候对孩子进行评估，并且有权作为团队的一员决定给孩子提供哪些特殊的教育服务和治疗。

《残疾人教育法》为孩子提供因其特殊需要而设计的个别化教育计划。如,需要提供哪些职业治疗、物理治疗和言语治疗。

❤

每年的个别化教育计划会议将决定为孩子提供哪些具体服务,与会者包括家长、老师,学校各方代表,以及一位家长代表。你可以带自己的专家和支持者以任何方式提供帮助(如道德支持、提醒等)。

❤

家长在参加会议之前最好先咨询一下专门的教育律师。

❤

在进入会场之前,请带上相关法律的复印件并提前阅览。携带其他有帮助的文件也很重要。他们(州立小组)常常会采纳你提供的建议。

❤

如果发现孩子没有进步,家长有权对计划提出质疑,并要求在任何时候召开个别化教育计划会议,要求重新评估提供的服务和服务水平(比如言语课程的次数)。

❤

如果与教育者发生意见冲突,家长有权让孩子重新接受评估。在这种情况下,家长可能需要一个私人的评估,这可能要花费几百到几千美元。如果有医疗补助的减免,家长可能会得到一个免费的外部评估(至少是有折扣的)。由于住址不同,可能需要一段时间才能预约,所以要尽早打电话。

♥

如果家长不能与学校达成协议,家长有权通过适当程序听取行政官员或法官的意见。这样的话家长将会需要律师的服务。再次说明,在发生这种情况之前最好提前雇佣一个律师。(是指专攻教育法的律师而不是随便找个人!)

♥

美国教育部有关于联邦法律和州法律的信息。每个州都设有一个保护和宣传办公室,可以免费向家长提供关于特殊教育权利的信息。大多数办公室都会用简单易懂的语言向普通民众解释相关法律和权利。

♥

以下是《残疾人教育法》中规定的父母的主要权利:
- 父母有权知道和了解一切为其子女采取的措施。
- 父母有权参加所有关于孩子评估和安置的会议。
- 评估和安置需要得到父母同意。
- 父母有权通过正当程序质疑教育决策。

♥

孩子所能享有的相关服务包括:
- 言语治疗。
- 职业治疗。
- 咨询。
- 护理服务——药品管理。
- 交通。

- 专业人士辅助人员——健康或交通辅助人员。
- 物理治疗。

学校的感官环境

于我而言，小时候每次听到巨大响声例如学校的铃声，就如同牙钻在敲击神经一样刺痛我的耳朵。患有自闭症的儿童需要得到保护使耳朵免受噪音伤害。引起最多问题的声音是学校的铃声、扩音机、体育馆的计分板上的嗡嗡声，以及椅子在地板上刮擦的声音。

——Temple Grandin, PhD, author of *Thinking in Pictures* and *The Way I See It*; www.autism.com/ind_teaching_tips.asp

对可怕声音的畏惧会引发不良行为。如果一个孩子捂住了耳朵，这说明他的耳朵可能是受到了某种声音的伤害。有时孩子对特定声音过于敏感，如火灾警报，可以将声音录进磁带进行脱敏治疗，使孩子可以自己播放声音并逐渐放大音量，但是孩子必须能够自己控制声音的回放。

——Temple Grandin, PhD, author of *Thinking in Pictures* and *The Way I See It*; www.autism.com/ind_teaching_tips.asp

进行消防演习需要提前告知一些自闭症孩子。

有些自闭症患者会受到视觉干扰和荧光灯干扰，他们能够看到

60赫兹交流电造成的灯光闪烁。如果是这样,可以把孩子的书桌放在靠近窗户的地方,或者尽量避免使用荧光灯。如果不能避免,请使用新灯泡。新灯泡的闪烁相对比较少。还可以在孩子的学习桌旁边放一盏装有老式白炽灯的台灯,也可以减少荧光灯带来的闪烁。

——Temple Grandin, PhD, author of *Thinking in Pictures* and *The Way I See It*; www.autism.com/ind_teaching_tips.asp

有些极其活跃的患有自闭症的孩子可能总是烦躁不安,如果给他们穿一件份量较重的背心,他们就会相对平静。衣服上的压力有助于镇定神经系统。我曾经因此安定很多。为了达到最好的效果,背心应该穿个20分钟,然后再脱下几分钟。这样可以防止神经系统对背心的压力产生适应。

——Temple Grandin, PhD, author of *Thinking in Pictures* and *The Way I See It*; www.autism.com/ind_teaching_tips.asp

有些有语言障碍的儿童和成人表示,他们不能同时处理视觉和听觉输入的信息,只能接收单通道的信息。因此不应该要求这些孩子同时看和听,因为他们实际上并不能同时看到和听到。考虑到他们的神经系统不能同时处理视觉和听觉的信息输入,正确的做法是单独给他们布置视觉任务或听觉任务。

——Temple Grandin, PhD, author of *Thinking in Pictures* and *The Way I See It*; www.autism.com/ind_teaching_tips.asp

家庭教学建议和基本技巧

请联系家庭教学法律辩护协会,它们的网站会提供关于每个州法律的信息,相应规定也因科目和家长资质不同而有差异。

在设计适合自己孩子的课程时,家长可以搜索家庭教学支持小组,或者登录世界图书网站阅览免费在线指导,上面详细介绍了每一年级的示范课程。

以下建议由《让患有自闭谱系障碍的孩子开始在家上学》一文改编而来,其作者是 Valorie Delp(详情请登录 www. homeschool. families. com/blog/7-tips-for-beginning-to-homeschool-a-child-anautism-spectrum-disorder)。

- 大多数专家似乎认为,对患有自闭症的孩子来说,开始在家上学意味着"去学校化"。所谓"去学校化"就是使孩子忘却在学校的消极社交体验。许多家庭教学经验丰富的人把它视为家长观察孩子和孩子自己探索真正感兴趣的领域的好时机。家长切记,一定要让学习再次变得有趣,能够吸引孩子。
- 在"去学校化"的同时,请联系当地的组织和支持团体,试着与那些了解自闭症和家庭教学的其他父母联系。
- 坚持写日记。写日记时家长可能要考虑记录哪些内容。例如,什么能帮助孩子集中注意力?孩子最喜欢的事情是什么?他最开心的时候在做什么？他最擅长什么？

- 抛弃自己的成见。试着以开放的心态对待这个过程。考虑一下自己的终极目标，然后用逆向工作法往前推：怎样能让自己和孩子达成最终目标？这些方法也许看起来与传统的学校教育不同，但不要紧张，这没什么大不了。

- 确定孩子在检查表和各评估等级中的位置。设定一个目标，然后朝着这个目标努力。另一方面……如果检查表项目多到令人沮丧，也可以放弃它。但是那些要求大量文案记录的州也使得家长可以坚持记录下孩子朝向目标的进展，或者是停止努力的原因。

- 请为孩子找到需要的治疗和服务，现在有非常丰富的资源可供选择。此外，通过图书馆的调研，我了解到有许多家长会视情况在家里为孩子提供所需治疗。

请尽早开始培养孩子的独立能力，教授孩子日常生活技能，孩子也需要一些时间巩固所学内容。所以最好早点开始，家长可以试着让孩子自己摆好桌子准备吃饭或是试着准备自己的午餐。

即便孩子不能完成全部任务，也要打破每天的常规，给他们一个"角色"。例如，解鞋带的时候给孩子留一头让孩子自己拉，或者把拉链头合拢，然后让孩子自己试着往上把拉链拉好，等等。另外随着孩子技能的发展，可以逐渐增加更多步骤，以进一步提高孩子的独立性。

第 6 章

诊断和医生

Diagnosis 名词

1. 通过检查症状确定疾病的性质或其他问题，可译作"诊断"，例句：早期诊断和治疗很有必要。

找到自己的方式

如果有任何迹象表明孩子的发育不正常，应该尽早进行干预，因为现在公认早期干预会带来更好的结果。

家长应提请儿科医生注意所有明显的发育延迟或症状（见以下列表），不要听其他人说"没关系，这只是一个阶段"或者"没事儿，不用担心"。如有必要，请咨询专业人士。

自闭症的症状

谷歌上有很多描述自闭症症状的列表。下面是一个分组行为问题清单。请核查一下，如果你注意到孩子在任何方面的延迟，请带孩子去看儿科医生。请记住一定要采取谨慎的态度；这可以帮助家长尽早发现问题，从而取得更好的预后效果。

言语问题：

- 语言障碍（不能说话，可能会说少量词汇）。
- 重复——一遍又一遍重复短语。

- 言语不当——说无意义的言语。
- 模仿言语——重复他人说话。
- 脚本言语——一遍又一遍重复电影或电视节目里的台词。

社交问题：
- 在社交场合不了解典型的社会界限或行为。
- 想象游戏和假装游戏的减少。
- 极度亢奋或不活跃。
- 大发脾气，无法控制。
- 与他人疏离，独自玩耍。
- 经常注意不到有人进入房间。
- 以不当的方式玩玩具或者喜欢那些不是玩具的东西。
- 很少目光交流。
- 对危险的情况缺乏恐惧（如爬上架子）。
- 常常不能回应父母一个幸福的微笑。
- 转变困难（可能是转变位置或是改变原有活动）。

感觉问题：
- 不正常的疼痛容忍度。
- 避免近距离接触或进行异常亲密的接触（近距离凝望面部）。
- 经常被某些感觉困扰，比如衣服的吊牌，所穿的鞋子，和/或避免或找寻某些特定的材质（例如沙子、地毯或草地）。
  - 困扰于嘈杂的人群。
  - 寻求感官刺激——需要大力的挤压、拥抱和/或按摩。

运动问题:

- 自我刺激行为(一般称之为"stimming";例如拍手、重复动作、排列物体等)。
- 自我限制饮食(例如只吃鸡块)。
- 不同寻常的攻击性或自我伤害性行为(例如撞击头部,咬伤自己)。
- 沉迷于常规(避免改变)。
- 痴迷于旋转的物体。

注意:那些有高患病风险的儿童(特别是那些父母有自身免疫性疾病或者有患病兄弟姐妹的儿童)应该密切关注上面列出的所有症状。

> **关键提示**
>
> 诊断标签:我并不喜欢任何种类的标签,但是请不要害怕自闭症的标签,因为它能帮助家长得到所需要的服务。为了帮孩子获得最大程度的服务,请不要回避自闭症的诊断。如果你儿子在自闭症和"高功能"的边界,那就接受完全自闭症的诊断结论吧——这样你会得到更多的治疗时间,诊断结果也总是会随着病情的改善而有所调整。此外,如果你的儿子介于自闭症和智力障碍之间,那就努力获得自闭症的诊断标签,因为针对自闭症患者的治疗服务水平和数量,以及治疗效果都比智力障碍要更好。

一旦你确定了孩子的发展和行为特征中包含了自闭症的表现和

特点,你就会被引导(由很多善意的、好心的专业人士或自闭症儿童的家长)到"自闭症高速公路"上。提醒家长,请不要以治愈为目的,而要以康复为目标。康复之路不是短跑,而是一场马拉松。有时道路平坦、笔直,有时会有曲折、死胡同和弯路。请为自己寻找一个儿童发育医生或其他愿意成为向导和GPS系统的专家。注意避免一刀切的方法、干预措施或者行动计划。反之,请尊重孩子的个人特质,并以此为指引,走完这段旅程。

——Dr. Mark Freilich,Total Kids Developmental Pediatric Resources,New York City

请联系美国自闭症协会(ASA)、全美自闭症协会(NAA)、自闭症言语机构、代际救援组织(GR),以及自闭症治疗论坛(TACA)的当地分会,并积极寻找可以交流和学习的家长。这些家长能够分享关于医生和诊断的信息(还有学校等更多信息)。要知道专业人士在分享自己所知信息时往往也会有所局限。

寻找医生和牙医

通过其他家长介绍是找到经验丰富和对自闭症群体友好的医生和牙医的最好方法。如前所述,你可以加入本书中提到的众多组织中的一个或多个(NAA、GR、TACA等),所有这些组织都有很好的网络资源,可以帮助你找到医生和牙医。另外,支持团体或孩子学校的其他家长也是很好的资源。你也可以看看NAA、GR、TACA、

ARI（自闭症研究所）的网站和特殊儿童医学协会的官网（MAPS，www.medmaps.org/clinician-directory/），这些网站都有你所在地区的医生名单。

以下是家长在为孩子选择医生时应该询问的一些问题：
- 你大概治疗过多少自闭症患者？他们的年龄范围是多少？
- 如果我们遇到与生物医学相关的紧急情况，如何联系你？
- 你是否乐意告知病人邮箱地址和手机号等个人信息？
- 你能与我们将要接触的其他专家（胃肠专家等）合作吗？如果对方接受，你愿意和我孩子的儿科医师在治疗和测试上合作吗？
- 你是否会提供一个详细的补品计划，并说明购买地点？
- 你最初接受培训的主要医学专业是什么（如儿科、家庭医学等）？你当前工作的重心是什么？如果你不是医学博士或骨科医师，你是在哪个领域得到资质认证的？
- 你是否销售专有营养补充品或与补品供应商达成了销售协议？你以成本价出售补品吗？
- 你为商业实验室做收费的实验测试吗？以上所得费用你将如何分配？

——Autism Research Institute，www.autism.com/treating_finding

请确保孩子的医生是一个让你感到舒服的人，并且擅长解决自闭症儿童的医疗需求。他或她应该定期参加自闭症医学会议，以保持处于前沿状态，且最好经常与其他自闭症专家交流。在选择临床医生时，家长必须不断学习，并保持谨慎。

当你为自己的自闭症孩子寻找牙医时，请找那些专门接待自闭症儿童的人。如果你身边没有这样的专家，那就关注儿科牙医，因为他们很可能会接触到有特殊需要的孩子，并且更善于与他们相处。有些医生甚至可能会在一周的某一天，只安排接诊有特殊需要的孩子。另外也别忽略重要的家长网络，可以向孩子同学的父母询求建议。

牙医建议

以下建议来自纽约牙科博士 Ruby Gelman。

- 我发现，在牙科诊所里，短暂而频繁地拜访被证明是非常成功的。我建议每隔 2—4 个月带自闭症儿童与医生见面，每次拜访时，我们都会做同样的事情，不过每次都要增加一些新的事情。孩子们一次比一次表现得更好。
- 一定要选择一个有治疗自闭症儿童经验的牙医。有经验的牙医会很乐意在就诊前与你交谈并制定适当的治疗方法。
- 虽然许多牙医建议对自闭症儿童注射镇静剂，但是如果医生并没有事先和孩子在诊所见面就提出了这个建议，我认为是不合适的。
- 如果孩子有一个他特别喜欢的东西（比如音乐播放器或时钟），请带着它一起去诊所，这样牙医就可以在治疗时用到它。

假装家长自己接受检查有助于孩子减轻对医生和就诊的焦虑。

如果医生/牙医同意,你可以让孩子对办公室的一些设备开展探索;许多孩子喜欢在检查椅上爬上爬下或者自己转动检查椅。

♥

还有 Gelman 博士关于牙齿卫生的建议:

- 即使很难,也要坚持刷牙。一定要让刷牙成为孩子日常生活的常规部分,无论早上还是晚上。在刷牙的时候慢慢数到 10,这样孩子可以知道什么时候会结束。慢慢地增加时间,这样就能把孩子的所有牙齿都刷干净。

- 水可以很好地帮助保持饭后口腔清洁。饭后喝几盎司的水可以大大减少咀嚼和吞咽食物时产生的酸性物质。这对预防蛀牙有很大帮助。

- 并非所有的牙刷都可以被接受。例如,可以尝试不同种类的牙刷:鬃毛更软的、刷头形状不同的、纹理不同的,或尝试不同口味的牙膏或啫喱。我们的孩子在适应欧乐 B 牌电动牙刷系列上就很成功。

- 不同的刷牙方法也应尽量避免各种异物感,并应仔细监测孩子口腔内的唾液水平。

♥

注意:2008 年 6 月 12 日,美国食品和药物管理局在其网站上承认,补牙过程中所使用的银质填充物对我们的健康有害,而且"可能对发育中的儿童和胎儿的神经系统产生神经毒性作用"。请注意避免使用它们。同样,在接受氟化物治疗或使用含氟牙膏前也应该对氟化物深入研究了解。如果你自己牙齿中有银质填充物,可以在保费支持下取出它们。

第 7 章

安 全

关注安全系列事项

这一章在本书中最为重要。自闭症儿童面临的主要安全问题有迷路(有49％的自闭症儿童曾迷路)、被虐待、在社区游走等。自闭症孩子的父母面临许多安全隐患。我儿子曾在纽约某处迷路并走丢了两个多小时。我会在本章开始先讲述这个事件,然后介绍帮助孩子避免走丢和其他安全问题的技巧。在本章最后我会添加全国自闭症协会的 Lori Mcilwain 对如何避免走失的阐述,这个协会因其安全项目而著名。

2013年9月2日,曼哈顿上东区

我儿子今天离家出走了。更确切地说是出门溜达,不过正式的说法应该是"离家出走"。我之前在博客上写过,他是如何从我们纽约的公寓里"逃跑"的,而且通常能够被大楼里的邻居或门卫找到。但今天完全不同。

我雇了个保姆照看 Alex,那天我去中央公园骑自行车,回到家时,门卫告诉我 Alex 失踪了,工作人员正在找他。这种事以前发生过,但是当他告诉我 Alex 已经失踪了三十多分钟时,我感到很害怕。这是第一次他不见了这么久。在之前类似的事件中,Alex 的"冒险"只持续五分钟左右,之后就会被监控或是邻居发现。他真的很吵闹也很难走丢。并且幸运的是我们附近的大多数人一见到就能认出他来(这也是我一直住这里的原因)。

得知Alex走丢了这么长时间,我马上加入了寻找他的队伍。我们住的高层建筑与一幢较小的建筑之间连着一个楼梯,这个较小的建筑里住的大多是退休人员,以前他们也发现过到处乱逛的Alex并联系了前台(这种情况前后发生了四次)。这次,有人发现他坐了电梯(这两幢楼有各自的电梯)。经过了解,他不仅坐了电梯,还被目击去了后面的小楼。工作人员(包括居民们和Alex忧心忡忡的保姆)两栋楼都找了,他们爬楼梯、检查电梯、屋顶、后院花园和街道。我绕着大楼跑了一圈,问遛狗的人、门卫、车库服务员和路人是否看到过Alex。一个15岁有着卷曲金发的男孩,很吵闹却不会言语表达,如此特别的他一般是很难走丢的。大约一个小时后,大楼的前台给我打电话说警察把Alex送回来了。

事情的经过是这样的:Alex从后楼出来走到了大街上,并决定步行到第二大道(我们住在第三大道),这时另一个公寓的一位好心的邻居认出了Alex(曾在小区遇见过)并意识到情况不对,于是把他带回了自己家(他有一幢连栋房屋)。这位邻居给他吃了三明治和香蕉,然后报了警,并和警察一起把他送回了我们住的大楼。警方建议给Alex戴一个含有"走失"信息的手环,但Alex能够轻易地扯下来(实际上他确实这么做过)。我能想到的最好的办法就是在房间里再加一把锁。当然,这样一来就别想好好过周末了。

我分享这些事情的目的有两个。一个是说出来让自己也放松一下!

另一个是告诉那些家里有同样的爱跑丢的孩子的人，你们并不孤单，社区邻居、警察也在关心和照顾着我们的孩子。当我遇到这样的事情时，邻居们和警察都拥抱了我，拍了拍我的后背以示支持。真心感谢他们！

应对孩子走丢的建议

以下的建议改编自 MitzI Waltz 所著的《自闭谱系障碍：诊断与寻求帮助》（详情请登录 www.oreilly.com/medical/autism/news/tips_life.html）：

如果家有经常跑丢的孩子，请考虑使用专业的安全顾问服务。你或许可以从政府的发展迟滞机构或精神卫生机构，抑或是私人机构那里得到帮助，从而寻找相关服务甚至是报销相关费用。大多数人并不希望把自己的家变成坚硬的堡垒，但在某些情况下，这是家长能够给孩子的最大的关怀。这样做或许能挽救一条生命。

双层或三层螺栓的安全门可以拖住意图逃跑的孩子的脚步，还有些门型只能从内部用钥匙打开。这些门虽然价格昂贵，但却无比坚固。家长一定要把钥匙藏好，有必要的话可以随身携带。消防条例可能会要求将一把外锁的钥匙放在火警箱内或者最近的消防站，以防紧急事件的发生。

家长还可以在窗户上安装防护栏，许多市区的房主已经这样做了。但就像钥匙锁一样，这样做可能存在火灾隐患。安全顾问或者当地的消防部门工作人员,也许能想出一些点子来解决这一隐患。有些类型的防护栏就装有内侧插销,以解决这个问题。

在晚上,如果"逃跑"的孩子正在接近一扇门或窗户,有些类型的报警器可以提醒你。其他类型的装置只有当门或窗户真正打开时才会报警。而根据孩子行动的速度,后者可能无法给你足够的响应时间。

另外,栅栏和大门很适合用在后院。有些款式的栅栏和大门与其他相比更难翻越。在极端情况下,孩子的安全可以通过使用带电的栅栏来保护,虽然这听起来有些残忍(通常情况下,在高栅栏的顶部会有一根"带电"的电线)。电栅栏的工具可在一些五金商店或农场用品供应商店买到。

对于大门来说,钥匙锁比门闩更安全。

各种类型的电子锁是另一种选择,包括远程控制的锁和键盘锁。这些锁可用于车库门、大门或室外门。

执法部门的帮助

在有些城市,当地警察局对残疾人的需要和特殊问题十分关切。警察还可能向未成年或成年患者讲授如何保证自身安全,无论他们是住在家里、机构、团体之家还是独自住在社区。有些地区还开设了专门的课程来教授残疾人自卫技能。

有些警察局还登记了那些行为危害自身安全或是行为会被误解为具有攻击性的残疾人员名单。如果你的孩子经常离家出走,有时候其行为在不知情者看来像醉鬼或吸毒者,并且孩子在害怕时会有攻击性言语和行为,又或者非常信任陌生人,你可以利用好这个登记名单所能提供的帮助。

请花点时间告知当地的执法机构和急救人员,你家有一个有特殊需要的孩子,在紧急情况下可能需要特别注意。

正如上面的提示,如果孩子特别爱逃跑,要告知邻居你家有特殊儿童。提供照片和联系方式可能会救他一命。我就有背面印着联系方式的 Alex 的照片。

携带身份信息的方案

自闭症人群可以佩戴一个手环或者项链,里面保存有家庭电话号码、紧急医疗联系电话或者可告知对方病情的机构电话。家长可以在这些东西上面贴上一些提示,包括:

- 无语言能力。
- 语言能力受损。
- 需要多种药物。
- 需要的药物包括……(列表)。
- 有癫痫(或其他疾病)。

普通民众,甚至一些安全服务人员可能并不知道"自闭症"这个词。他们更不可能知道自闭谱系障碍(ASD)或广泛性发育障碍(PDD)的含义。

有些安全项目非常好，比如救生员计划（Project Lifesaver）（详见 www. Project Lifesaver. org）。救生员计划已经被广泛应用于阿尔茨海默病患者，而且已经发展到可以满足其他患者（包括自闭症、唐氏综合征、创伤性脑损伤等）的需求。有资格参加该项目的人会得到一个手环，它实际上是具有独特频率的跟踪装置，这个装置可以让救援人员在一到几英里范围之内用专业设备进行探测和跟踪。如果孩子从家里或公共场所逃跑了，或者你担心他们会逃跑，那么可以看看社区是否有救生员计划的相关服务。如果有的话就请联系他们。他们的工作十分有效。这个项目几乎一直有人排队，所以如果你有资格，就马上着手申请吧。

——Tim Tucker, "Practical Ideas for Protecting Autistic Children Before they Disappear," www. bothhandsandaflashlight. com/2010/04/16/practical-ideas-for-protecting-autistic-children-before-they-disappear

首先可以选择一个孩子最喜欢的颜色的舒服的运动手环或硅胶腕带，将家长名字和紧急联系信息标记在上面。尽量鼓励孩子坚持戴着（如果戴在手腕上不可行的话可以试试戴在脚踝处）。另一种选择则是在他的衣服上熨烫上这些标签。

——Mary Fetzer, "Keeping Your Autistic Child Safe," She Knows, Home & Garden

如果孩子们对标签或手链太过敏感，也可以选择在孩子们的衣服上弄上永久的墨水印记。将标签印在衣服外面非常显眼,并且不会造成孩子的不适。这些标签可以根据姓名、联系方式和细节来定制,比如印上有语言障碍。

♥

我们给 Alex 用的是叫做 RoadID(www.roadid.com)的东西,它是为偏远地区的跑步者设计的,但同样非常适用于自闭症孩子。你可以浏览上面这个网站,这个产品将身份信息放置在鞋上不显眼的位置,同时还包含一些描述性信息。

做好走丢的预防措施和准备工作

了解各种走失的征兆。预防糟糕的事情发生的最好方法是留意孩子的行为模式,这些行为线索可能表明他们正试图逃跑或是使自己陷于危险之中,比如从人行道上跑到马路上。注意孩子有哪些强烈的兴趣,特别是能让他们更兴奋的兴趣,这可能有助于家长了解什么时候、在什么地方孩子可能会跑开去找寻这些兴趣。

——Tim Tucker, "Practical Ideas for Protecting Autistic Children Before they Disappear," www.bothhandsandaflashlight.com/2010/04/16/practical-ideas-for-protecting-autistic-children-before-they-disappear

♥

停止标志或其他类似标志也可以用在家庭环境中,并且这些标志都很容易在网上购买到。在谷歌上搜索"街道标志",你会发现有很多选择。这些标志可以阻止孩子逃跑。

第 7 章　安全

♥

如果孩子喜欢到处乱跑，请务必使用警报系统、锁定插销和窗户锁，以确保住宿安全。

♥

可以采用扬声器甚至是视频监视器，这些设备能够提供照顾上的便捷，就像看护婴儿那样，并协助家长把孩子送回自己的房间。

♥

预防走失的关键是要避免孩子跑出去。首先，要设置多层"防御"阻止孩子出走。这样的话，如果大门门锁拦不住孩子，至少可以减缓他们的速度以便为追赶或寻找争取时间。例如，你可以设置一些障碍来让孩子待在某个特定区域，或者在他跑到上述区域之外的时候警告他。所以，就算家里的各个地方的门可能都会被打开，但只要能引起父母的警觉，或提供一些视觉或听觉的反馈信息给父母/照顾者，就可以让他们有时间去应对出现的情况。另外，你还可以在门窗上安装门铃和运动探测器。家长可以在谷歌上搜索这些东西，有些款式价格不贵，而且还能通过医疗补助报销。

♥

家长可以在院子或公寓外面设置"户外陷阱"。我觉得这样的点子非常巧妙。用这个方法，家长可以把孩子的强烈兴趣转化为有利条件。例如，某个孩子喜欢纸风车，妈妈就把风车放到房间各处和院子里的重要位置。有一次孩子跑出来看到了其中一个风车，就只是站在那里玩风车，而不再继续跑了。这为父母争取了一两分钟来找孩子，避免孩子跑到更远的地方。家长应该好好考虑如何把孩子的兴趣转化为一个能拖延或阻止其走远的机制。

——Tim Tucker, "Practical Ideas for Protecting Autistic Children Before they Disappear," www.bothhandsandaflashlight.com/2010/04/16/practical-ideas-for-protecting-autistic-children-before-they-disappear

❤

智能手机、平板电脑或其他设备可以帮助追踪跑丢的孩子。家长要学习使用GPS功能：在孩子的设备上启用"查找设备"选项，并在电脑上定期检查该功能是否开启。

❤

如果家长有一个特别爱跑丢的孩子，就要知道小区的哪些地方特别吸引他。这些地方可能就是他逃跑的目的地。家长也可以带孩子多去这些地方来减少他们的好奇心。

❤

游泳对孩子来说不仅是一项有益的运动，也是一种安全措施。通常，患有自闭症的孩子都喜欢水以及与水有关的活动。你可以通过一些课程来保证孩子的安全。

人身安全

家长应将"隐私"的概念教授给小男孩，这将有助于他们理解私人行为与公共行为之间的重要规则。随着年龄的增长，有必要对这一话题进行更多的讨论，帮助孩子理解人身安全的相关规则。家长可以告诉孩子，在家里的私人空间脱掉衣服是可以的（比如说他们自己的卧室），但在家里的公共区域（如客厅、厨房等），就必须穿上衣服。如果需要的话，可以使用卡通人物说明这些规则。

对于自闭症男孩来说，关系边界是一个非常难理解的概念，因此家长必须耐心讲解并带他们实践体验。首先，孩子需要了解不同类型的关系（比如，夫妻、亲密的朋友、同事、邻居、商店店主）；其次，需要教他在不同关系下进行适当的对话，做出适当的行为。

自闭症男孩需要知道哪些行为构成性虐待。言语障碍儿童和青少年遭受性虐待和身体虐待的风险很高，因为他们无法向他人表达自己经历了什么。他们在班级中和露营地通常被单独分组，迫害者知道在这里他们可以找到受害者。

高功能自闭症男孩也面临着高性侵风险，因为他们不善于辨别他人的意图（例如，理解非语言的暗示）。正因如此，需要让他们知道哪些构成性侵行为，哪些是适当的和不当的行为。

让孩子知道自己身体的哪个部位是他人不可碰触的，对于孩子的人身安全具有重要意义。当孩子身体的"禁区"被别人触碰时，他必须具备告知他人的能力。身体的禁区是那些通常被泳衣覆盖的区域。另外，最好不要教导自闭症儿童总是服从成人的指示。

汽车安全

年幼的孩子从汽车座椅上滑脱也许是家长所面临的最糟糕的状

况之一。对于仍使用五点式安全带的孩子,家长可以把安全带的锁扣全部扣上然后把卡扣翻转过来,这样卡扣就会朝下紧贴孩子大腿。对于其他的孩子,特别是那些使用普通安全带的孩子,可以用东西盖住按钮,让他们很难解开。

记住一定要把孩子固定在汽车后座上,如果坐在后座的成年乘客有所抱怨,可以让他们选择下车步行回家。

全国自闭症协会地方分会、自闭症社团和其他组织都可以提供贴在车窗上的贴纸。这些贴纸可以让紧急救援人员知道孩子患有自闭症,并且可能对口头指示没有反应。

清除房屋和饮食中的毒素

越来越多的人认识到自闭症的许多症状都和环境中的毒素有关。努力去除有害的物质能够给孩子和我们自己带来益处和更好的健康状况。以下是一些帮助清除家中潜在有毒物质来源的建议。

下面的建议是根据 Maureen McDonnell 发表在 *The Autism File* 上的文章 *Emerging Science Combined with Common Sense Gives Parents Better Options for Preventing Autism* 改编而来。

- 更换环保的清洁用品和个人护理产品(如洗发水、牙膏、身体乳液、面霜)。平均每个美国家庭都有 3—10 加仑的有害物质,且 85% 登记在案的化学制品都是对人体有害的,其从未经过是否对人体有影响的测试。关于这个可以参考 Deirdre Imus 的系列丛书 *Green This*！

- 食用有机的谷物、蔬菜、水果、坚果、肉和鸡蛋。
- 如果女性服用了大量的处方或非处方药，亦或者是在充满化学制品的环境生活或工作，也许应该考虑一下排毒或净化项目。
- 使用"绿色"干洗剂（大多数干洗用品中的化学物质——全氯乙烯，是一种已知的致癌物）。
- 使用不锈钢水瓶携带和饮用过滤水。无论是否加热，软塑料瓶都会释放邻苯二甲酸盐。锑也可以从聚对苯二甲酸乙二醇酯中被释放出来。
- 想了解更多关于滤水器的信息，请拨打 1-800-673-8010 或访问 NSF 国际网站，网址是 www.nsf.org/Certified/Dw Tu/。也可以登录自然资源保护协会的网站，网址是 www.nrdc.org/water/drinking/gfilters.asp。
- 怀孕前六个月而非哺乳期，应该请美国整体牙科协会（www.holisticdental.org）的牙医将以汞为基础的汞合金填充物清除出身体。
- 怀孕之前，请咨询那些擅长治疗胃肠道紊乱和毒素或重金属超标的自然保健医生或普通医生。可以选择与在美国促进医学学会（www.acamnet.org）注册的自然疗法医师或者普通医生进行联系。

刷墙时，请选择低挥发性或无挥发性有机化合物的油漆。选择绿色环保的建筑材料或翻修材料,并预留足够的时间让"非绿色"建筑材料挥发毒素,然后再搬回新建或翻新的保育室、房间或住宅。

♥

尽量减少食用大型鱼类(了解鱼类汞含量,请登录 www.gotmercur.org,以获取鱼类汞含量计算器)。一般来说,要避免食用大型鱼类,因为它们的汞含量最高,多食用淡水鱼。减少使用微波炉以降低电磁辐射,把手机的使用量降到最低,并将其放在包里,而不是放在口袋里。

♥

为了培养有益的微生物菌群,可以服用高品质的益生菌(它们除了可以提高有益的肠道菌群含量外,也被证明可以通过促进排泄减少某些化学物质在肠道中的吸收),食用更多的发酵食品。例如,尝试在南瓜意面中加入有机泡菜。

更多家庭建议

- 睡觉时不要靠近电脑或其他无线设备。
- 打开窗户对流通风,改善室内空气质量。
- 使用自然方法控制室内和花园的害虫。
- 避免让孩子们在压制的木板和秋千上玩耍(砷的来源)。
- 尽量减少使用阻燃睡衣(含有毒物质锑)。
- 购买有机床垫和日用织品。
- 进屋前脱掉鞋子,防止泥土中的污染物进入屋内。

- 选择加工程度更低、不含化学制剂和毒素的食品。这是因为自闭症患儿的营养状况已经受到了影响,无论何时都应尽可能食用有机食品。
- 避免饮用自来水,因为它含有许多不同种类的污染物;购买一个优质的滤水系统。
- 检查家里是否有铅和霉菌等有毒物质。
- 如果家里有壁炉,请避免燃烧经过加工处理的木材。

应对儿童和成人自闭症患者的出走倾向

By Lori McIlwain,National Autism Association

在全国自闭症协会,我们经常听到父母担心他们未成年或成年的孩子从家或学校出走。2012年的一项儿科研究显示49%的自闭症儿童面临失踪的风险,再加上多起儿童溺水事件的发生,我们自然会感受到一定程度的焦虑。

与此相伴的好消息则是防范意识的增加催生出了更多的防范工具和防范资源。曾经缺乏的资源现在开始出现在非营利组织、政府机构和医疗机构中。即便如此,父母还是会继续寻找新的方法来保护他们的孩子,而且由于寻找孩子的时间有限,多层次方法是关键。

多层次方法意味着有多个水平的保护措施,而不是依赖于一个解决方案。因为每一个患有自闭症的儿童/成人都是不同的,所以可能需要定制特别的防护措施。同时,我们多年来收集的数据已经可以提供一些线索，帮助我们预防和应对走失事件。

自我保护

自我保护说起来容易做起来难，但它是人身安全的第一道防线，帮助孩子懂得如何保护自身安全这一终极目标。许多家长会采取心理治疗、药物治疗、基础疾病治疗，制定行为干预计划。因为游走行为实际上是一种交流表达的方式（例如，表达"我想要……，我需要……，我不想要……"），所以沟通辅助技术对于有语言障碍和没有语言障碍的孩子而言都是很好的安全措施，沟通辅助的方式有讲社会故事和制定时间表等。家长一定要找到行为背后的原因，用激励法和重复练习的方法培养安全技能。可以登录 awaare.org 搜索社会故事。

监督

监督是必不可少的，特别是在有些忙乱时期，比如搬新家后、节假日中、天气变暖时、户外活动时、在学校和其他过渡时期，高度警觉尤其重要。不要以为人越多保护就越多。许多父母在节日聚会和其他混乱的场合会使用"标记"法。这是一种简单的方法，即指派一个负责的成年人在约定时间内做孩子的主要监护者，并确保该指定监护人了解其职责和被赋予的期望。

提示： 不要因为培养独立性而放松学校对学生的监管。如果学校坚持在孩子未做好准备时要求其独立，请告诉他们"预备独立"的概念，这一概念强调用"只旁观不插手"的方式教授安全技能、危险意识、自救技巧、自我约束和生存技能，自然而然地培养孩子安全的独立性。家长和学校商定的书面计划要有组织性、考虑周到且前后一致。该计划要以了解孩子为前提，以安全、有效的教学方法为基础。

安保措施

基本的安保措施主要是安装足够的锁具,例如锁定插销锁和钩眼扣锁。其他必要措施还包括安装开门警报器、栅栏,在门窗上贴禁止标识,避免使用窗机空调、窗型扇或纱窗。有些父母还会使用婴儿监视器和家庭安全系统。还要记得把车库门遥控开关放在孩子够不到的地方。如果有游泳池,必须在它周围设置栅栏。请使用自闭和自锁的门,而且锁要装在孩子够不到的地方。平时记得把泳池内的玩具都收起来。

提示: 登录网站 Big Red Safety Shop.com,或者到无线电器材公司购买通用电气门窗报警器,这些设备价格合理,在宾馆房间或其他非家庭环境安装也可以接受。

求生技能

当一个患有自闭症的孩子游走在外时,所面临的直接威胁包括水、交通、与陌生人或警察的接触。因此参加游泳课程很有必要。通过访问 nationalautismassociation.org 你可以找到接收自闭症患者的基督教青年会,或询问儿科医生当地是否有为特殊儿童提供游泳课程的组织。孩子的游泳课程还应该包括穿着衣服和鞋时的游泳技巧的内容。一定想尽各种办法让孩子记住自己的姓名、地址和电话号码,并让孩子随身携带身份证明。

小贴士: 消音/降噪耳机可以帮助减少压力、防止诱发不良情绪。

保障措施

保障措施包括跟踪设备、距离监测器、可穿戴的身份辨识手环(推荐 RoadID)和身份卡。如果家长需要一个短期解决方案,临时文身也是个不错的选择。购买跟踪设备可以登录 projectlifesaver.org、 lojacksafetynet.com 或 iloctech.com。My Buddy Tags 和 Angel Alert Distance Monitors①为外出提供了很好的二级保障。对于习惯晚上游走的患者，特别是青少年和成年患者，可以在 Bigredsafetyshop.com 上为他们购买特制睡衣来提醒路人。

搜救

如果孩子失踪了，请保持冷静，拨打报警电话，并先搜索那些会对孩子构成最直接威胁的区域，比如水和交通道路。即使是原本对水感到恐惧或厌恶的儿童/成年人，也可能在某些情况下改变想法。不同的颜色、水面反射的图案以及其他因素都可能引发好奇心，所以不要忽视附近的水源，失踪的孩子可能就在这些地方。在紧急情况下，邻居和急救员也许就是孩子的生命线，所以请提前做好准备，向他们提供一些关键信息，如：附近的水源、最喜爱的景点、医疗信息、紧急联系信息和其他相关细节。你可以通过访问 awaare.org，下载并准备一个应对离家走失的应急计划。

逃窜：一个独立的范畴

虽然游走行为是自闭症患者一种常见的表达方式，但是突然逃窜更具有冲动性和不可预测性。噪音、恐惧和欲望都可以成为儿童或成年患者躁动不安的诱因。逃窜的莽撞和快速性使得这一行为非常危险，特别是在开放的公共环境中。

如果孩子总是突然跑开，可以要求学校对其进行功能行为评估。根据评估结果，可以制定一个行为干预计划，并在学校和家庭同步施行。

---

① 译者注：My Buddy Tags 是一款带有身份信息的手环，Angel Alert Distance Monitors 是一款距离监测器，能够对孩子与父母的距离进行实时监控。

如果要去公共场所，请事先和孩子沟通安全细则。家长可以用图片或社会故事来帮助孩子理解你的期望。在停车场这样的地方，可以用手挽手走路的方式避免孩子发生逃窜行为。而在走路或徒步旅行时，则需要两个成年人把孩子夹在中间。

学校对任何有逃窜或出走风险的自闭症儿童或青少年应进行一对一的看护，但是不能优先使用强制手段，因为这可能会产生持久的负面影响。非紧急约束、俯卧和仰卧约束以及隔离措施可能会导致新的不良行为或使原有行为恶化。在寻找方法逐步降低孩子逃窜行为强度的同时减少或消除诱因，这将有助于防止逃窜行为发生，从而避免采取紧急强制手段。

采取多层次手段对于防止走失至关重要。理想情况下，家长应该识别和记录逃跑行为的根本原因。要始终记得，最终的目标是让孩子们了解潜在危险，并学会如何保护自己，保证安全。

要了解更多，请访问 awaare.org。寻求策略性帮助，请致信 lori@nationalautism.org。急需帮助者，请联系 Kennedy Krieger 研究所，电话是(443)923-9400。

第 8 章

青春期

是沙尘暴塑造了沙漠中的石像,是生命的挣扎造就了一个人的性格。

——印第安人谚语

最好的时期,也是最坏的时期

许多家长出于多种原因害怕孩子进入青春期。荷尔蒙的突然增加会使孩子感到焦虑,从而导致挑战行为增加,虽然这种症状只是暂时的。在这段时间里,家长需要格外耐心(详细请见"关爱自我"一章,这一章节的阅读很有必要!)。Alex 现在已经 16 岁了,我已经注意到这段时间他的进步,所以家长一定要坚持下去,一切都会好的。

此外,家长还有对于青春期身体变化和与之相应的适当行为的担心。下面我将根据自己和他人的有效经验提供一些建议。

对青春期的讨论

不喜欢改变的男孩在看到自己的身体开始变化、成长时可能会感到烦恼,特别是当他们意识到自己无法控制这一进程时。家长可以向他们解释每个人的身体都会发生变化,并向他们展示家庭成员婴儿时期、孩童时期、青春期和现在的照片,这会帮助孩子明白青春期和成长发育是每个人都要经历的。

此外,父母需要确保使用正确的身体部位名称(例如:阴茎、阴道),但也要教给孩子他们可能从别人那里听到的同义词(例如:乳房)。

请向孩子说明某些变化只会发生在不同性别的个体身上(例如,男孩胸部不会发育,但女孩会),也要向孩子说明毛发只会在某些地方生长(孩子可能会认为整个身体最终会逐渐被毛发覆盖,就像狼人一样)。向孩子说明除头发外,女性只会在腋下和阴部长出毛发,而男性会在腋下、阴部、胸部、脸和下巴上长出毛发。

在男孩进入青春期前告诉他身体会发生哪些变化是非常重要的,而告诉他们女孩会有哪些身体变化也同样重要。否则,他们可能会对女同学身上的变化感到惊讶,并且不明白为什么一段时间没见,她们的样子就发生了变化(比如在暑假过后)。

为了防止青春期男孩发出错误的"信号",我们必须告诉他们盯着别人身体的某些部位看是粗鲁和不恰当的。要告诉他们不能盯着别人身体的私密部位,这些部位通常是泳衣所覆盖的部位(无论男性或女性)。自闭症青少年无法从某些线索辨别他人是否对自己也有同样的兴趣。因此他们需要明确的指示以知道别人仅仅是喜欢他们,而非异性间的爱慕。

手淫问题

手淫是青少年的正常活动,大多数青少年都懂得手淫要在私下进行，但对自闭症男孩来说却不是这样。家长需要向处在青春期的自闭症孩子说明私人与公众的概念，告诉他们自慰是一项私人的活动，而不是公共活动。

♥

如果一个十几岁的男孩想在学校手淫，意味着我们需要重新引导他们。青少年可以在家里的私人空间（他们的卧室）进行手淫，但如果他们试图在家里的其他地方手淫，那就必须引导他到自己的私人空间去。

♥

无论年龄大小，一旦孩子开始用手触摸生殖器，家长就应该注意。你必须告诉他："触摸你的阴茎是私人空间才可以做的事，只有在自己的床上或卧室里才可以做。"家长不能有情绪的发泄。如果家长自己都态度模糊或紧张，孩子可能会做出更多的不当行为。保持态度明确并且不带偏见对于我们家长来说非常重要。

青春期的行为变化

当男孩子进入青春期并表现出更多的叛逆行为时，许多家长会认为孩子的自闭症越来越严重。事实上，叛逆是青春期的正常表现。因此，父母要记得给青春期的孩子更多表达自我的机会，同时在有所限制的前提下让孩子对自己的日常生活有更多的掌控。

♥

据估计，患有神经性发育障碍（包括自闭症）的儿童，性早熟的比例比正常儿童要高出 20 倍。

♥

以我的经历来说,(进入青春期后)焦虑无缘无故地困扰着我。许多自闭症患者在青春期时症状加重了。当我的焦虑消失时,取而代之的是结肠炎或可怕的头痛。我的神经系统一直处于紧张状态。
——Temple Grandin,PhD, *Thinking in Pictures*

♥

青春期对自闭症男孩来说可能是一个困难的时期,因为他们通常喜欢可预测的和常规的事物,而且难以适应变化。许多自闭症孩子都难以接受这样的事实:他们的身体正在发生变化,但自己却无力阻止。

性教育建议

来自贝肯私立日校的 Mary Jo Lang 博士。

- 患有自闭症的儿童和其他人一样有基本的人类需求,因此不要害怕与他们谈论性和性行为。如果不能解决好这一问题,就会导致思想困惑和不恰当的行为的产生,甚至可能会对他们的身体和情感造成伤害。自闭症儿童的性教育应该尽早开始。由父母或抚养者来提供相关信息效果最好。
- 要告诉孩子这些感觉和渴望是正常的,体验到这些感受没什么大不了。要鼓励他们提问,让他们不要感到尴尬。
- 在和你青春期的儿子谈论性和性别时,要使自己处于放松状态。如果有需要的话可以寻求资源以及专家的帮助。你需要确定孩子处在自我发展的哪个阶段，从而在教授孩子相关知识的时候使用符合其年龄特征的社交和情感材料。

- 如果这个十几岁的男孩身体发育成熟，也很合群，但在社交和情感发展上有延迟，你需要时常就孩子的发展现状和你当前对孩子的教育内容与孩子的老师、护理人员进行坦诚的沟通，如果合适的话，也可以和当地相关机构进行交流。这将有助于防止孩子的任何可能的不当公共行为所带来的社会和(或)法律问题。

- 尽早教给儿子一些关于性意识的基本知识：什么是性？什么是可接受的行为？什么时候这些行为是可以接受的？教给他们关于身体界限的知识：我们的身体有哪些界限，以及与他人互动时我们应该有哪些界限？

- 由感觉处理困难带来的过敏或低敏感，可能会影响患有自闭症的男人处理两性间的亲密关系。极度的敏感可能会让年轻人很难享受亲密关系带来的生理快感。

- 如果你的儿子在学校接受的是为主流人群提供的性教育课程，他可能会知道关于性的所有方面的知识，但他无法将这些知识个性化，而且意识不到这些知识对他的意义。因此，作为家长，你需要让他知道这些知识是如何和他相关的。

- 患有自闭症的儿童和青少年倾向于从字面上理解事物，因此，在讨论性的时候要做到明确和直接。在向孩子讲解性和性行为的时候，要使用在社交和情感上与其年龄相符的材料，而且要保证这些教学材料中的人体构造是符合解剖学的。你可以和自闭症儿童/青少年讨论以下话题：青春期、身体部位、个人护理、医学检查、社交技能，以及与性行为有关的责任。

- 强调自我保护技能，鼓励自闭症儿童和青少年说"不"，并鼓励他们躲开那些试图利用他们的人。据报道，残疾儿童被性虐待的可能性是正常人的 2.2 倍，这说明了解和培养自我保护技能是非常重要的。

第 9 章

日常生活

生活的秘诀就是第七次跌倒,第八次再爬起来。

——Paulo Coelho

日常磨炼

从情绪崩溃的应对到如厕训练再到外出就餐,本章重点关注的是那些有特殊需求的家长才能理解的日常烦恼。我的目标是为自闭症儿童的家长完成日常任务和解决日常事件提供一些实用技巧,这些虽然天天发生,却具有挑战性且常常令人感到沮丧,其反复发生的特性会让人元气大伤。让我们先从情绪崩溃开始。

应对不良行为,又名情绪崩溃救助!

"发脾气"或"情绪崩溃"实际上是一种求助的表现,即用哭喊来引起注意,表明压力已经大到无法忍受。父母应该注意的是:尝试找出是什么使孩子无法忍受——并且不要指望它永远是同一件事。它可能是市场的噪音,也可能是人群、气味或这些东西的任意组合。一定要记住:是某个突发原因引起了情绪崩溃。

也就是说,自闭症本身并不是不良行为产生的理由。和其他孩子一样，如果你对自闭症孩子的不良行为放任不管，他就会觉察到你的软弱并对此加以利用。

♥

请不要用你不准备执行的惩罚作为威胁，比如如果你并不打算取消生日派对，就不要说你准备这么做。不要总说数到3或者10，孩子会以为他总有这么长时间，而你一开始并非这个意思。如果你温柔但坚定地教导一个两岁的孩子，做到言出必行，那么即便不反复强调，他到了16岁也会记得你最初说过的话。父母常会顺从孩子的意愿，因为他们想得到孩子的喜爱，但是一味顺从的结果是孩子既不喜欢你也不尊重你。孩子们需要界限。

♥

不断反省自身行为。我们都倾向于尽量不做出过度反应，这些潜在的过度反应（无论是正面的还是负面的）会使你的儿子感到困惑且行为失调。你应该时刻注意保持平稳的情绪状态。

♥

练习深呼吸，有助于你和孩子在有压力的时候保持冷静。你越冷静，孩子就会感到越安全，这有助于防止孩子的极端情绪进一步升级。这是在第2章中我关注冥想和心灵平静的原因之一。通常情况下，照料者的反应会使极端情绪更糟糕；最重要的是不要火上浇油。

♥

建立一个安全、狭小、安静的空间，让孩子在面对挫折和感到愤怒时可以使用。这给了他们一个属于自己的舒适的地方，需要休息时他们可以躲在里面。同样地，当孩子正处于极端情绪状态时，可以先让其他人离开,再想办法安抚失控的孩子,这可能有助于防止事态恶化。

♥

处理情绪是自闭症孩子面临的更困难的问题之一。家长可以遵循的一个策略是,当孩子情绪激动时,用便签记录他或她当时的情绪,并向他们描述他们的情绪状态,这将有助于他们理解、学习和管理自己的情绪。这一策略在孩子大发脾气时特别有用;但是要记得对情绪的说明要在孩子平静后进行。如果孩子有语言障碍,你可以使用图片交换沟通系统或其他视觉材料描述情绪。如果孩子有iPad,你还可以用各种应用程序来帮助你。辅助沟通的应用程序通常都有一些与描述情绪的词语相关的图片。

♥

冰块: 在和极端情绪做斗争的时候,可以利用冰块。咀嚼和手持冰块可以帮助你的儿子平静下来。给他一个示范,他还可以帮忙制造冰块并把冰块贮存在冰箱。许多男孩在处于情绪崩溃的边缘时会寻求某种感觉输入;冰块可以作为一个帮助他们自我调节的工具。所以记住,当情况很糟糕时,可以用冰使他平静下来!

> **关键提示**
>
> 那些试图消除自闭症患儿问题行为的家长应该反省一下,自己是怎么样适得其反地强化这些行为的。例如,某对父母试图让自己整日尖叫怒吼的自闭症孩子安静下来。当孩子在家

> 里大吼大叫时,这对父母成功地做到了不予理会。但是当孩子在操场大发脾气时,他们却把孩子带回家去以避免当众出丑。被父母从操场上带回家对于这个孩子来说也许就是一种强化,因此孩子很可能会继续这种行为。
> ——Jennifer Clark,"Applied Behavior Analysis," Cutting-edge Therapies for autism.

家长应该与学校合作;有些孩子用极端的情绪迫使老师将他们送回家从而逃避上课。如果学校让他们回家,他们就阴谋得逞了。

所以每天与你儿子的老师或其他学校联系人进行沟通,以评估他在校内外行为上有哪些好的或者不好的变化。孩子在学校可能更守规矩,因为秋千或其他作业疗法的设备会给他创造更多感官刺激。你可以增设一些能够帮助孩子的项目,也可以去掉阻碍孩子发展的项目。

当你意识到孩子即将发脾气的时候,要及时调整,努力转移孩子的注意力。手边要放些耐咬的玩具、冰块,或者他喜欢的视频,这样可以帮助你防患于未然。请告诉孩子所有的看护者他发脾气的征兆,并与他们和其他家长分享解决策略。

对孩子发脾气不予理会真的很有效果。当然,这一招只适用于家中。如果他在其他场合情绪崩溃,你可以把他先带回家,然后对他的大吼大叫不予理会。这个策略可以使他从崩溃的状态中解脱。因为他可能会把注意力转向别的东西,或者发泄完愤怒就停止了。然后,你可以进一步了解一些问题,比如发生了什么事,下次怎么做可以避免使孩子发脾气。

再强调一遍,家长要保持情绪平稳。我知道,这话说起来容易做起来难。孩子会消耗我们的能量,但是无论他们表现好坏,我们每天都要保持积极的心态。正向思考听起来可能很老套,但它确实是有效的。

♥

在孩子情绪崩溃时,请尽力保证每个人的安全。在家里你可以使用一些策略。但是在社区里,这可能有些困难,并且会牵扯到其他人;所以最好的做法是尽可能快地将孩子从该场所带走。

♥

孩子发脾气时情绪之强烈可能会使你感到害怕,但他们通常是通过哭喊来寻求帮助和理解,或者是因为疼痛而哭闹。这是一个沟通的问题,孩子实际上和你一样害怕。

♥

在孩子发脾气时,你可以通过温柔舒缓的言语和行动提供支持。但是,千万不要答应孩子在发脾气的时候提出的要求;那样只会鼓励孩子更进一步发脾气。

♥

我已经多次提到过记日志或日记的重要性,并提供了一个示例工作表(参见第 27 页的关键提示)。在这里日志的另一个用途是分析极端情绪。如果你留意日志中关于饮食、季节、时间、天气的记录并以此为线索追踪极端情绪状态,你会发现一种可以打破的模式,或者至少可以提前做准备。以我为例,我能够确定在九月和四月这样容易过敏和便秘的季节,Alex 更加烦躁易怒。凭借这样的知识,我能够预防 Alex 的许多极端情绪。

严重攻击行为的管理

来自 Cathy Purple Cherry,AIA,LEED AP 的小贴士。

我们的自闭症儿子从 14 岁起就开始有身体上的攻击行为,一直到现在,他已经 19 岁了。他的攻击行为多是被动的,主要表现为自残。偶尔,他也会表现得非常暴力或者攻击自己的兄弟姐妹。他已经多次用头和脚撞击墙壁直到头破血流,然后任由血流得满地都是。最近,他试图用一根长棍戳自己。我的建议来自过去这五年的亲身经历。

- 我学习到的最艰难的一课是明白了在有旁观者时自闭症孩子会表现出更剧烈的攻击行为。所以,我学会了离开,关上门,关上灯,忽视他的攻击行为。我花了至少三年的时间才做到这种程度。

- 有些情况是可以预防的,尤其是在减少自闭症儿童和其兄弟姐妹间的冲突方面。侵犯个人空间是引发冲突的主要原因。因此,要避免经过或进入他人房间。我甚至会精心策划围绕家具行走的最佳路线,以避免冲突。

- 很多人都知道我儿子有一个消极、被动的应激反应：全身瘫软。我的儿子自残之后，会瘫软和昏迷，一点反应都没有。如果他不在自己的卧室里，我就会尽量把他从家里移出去，将他放在院子里的草地上。我从屋里观察他，但绝对不让他察觉。自闭症儿童需要时间来从"战斗"状态中恢复过来。

- 改变所服用的药物有时可以起到帮助作用。所以不要对支持团队隐藏孩子的这些行为。当极端行为发生时，应立即与孩子的精神科医生沟通。此外，请注意，如果你能预测行为即将发生，那么在这些极端行为发生之前就可以给孩子提供镇定药物。再强调一次：请务必和孩子的精神科医生沟通。

如果孩子在某个特定的地方（特定的操场或房间）产生极端情绪或遇到感觉问题，请在两周内避开该处，之后再引导孩子接近它。这会让我们知道是什么原因引起的麻烦。例如，某个操场过于吵闹而超出了孩子的忍受度。Alex 就遇到过这样的事情。有一天他在我们公寓附近的一个公园里发生了可怕的情绪崩溃。每次走近这个公园，他都会大发脾气。在大约两周多的时间里我没有再带他去那个公园。之后，我开始带他在公园附近散步。经过这几次出行，我们终于进入了公园并能够再次使用公园了。诸如此类的情况我遇到过许多次，这个方法很有效。有时你会将一个地方、一种声音或一种味道和某个愉快或不愉快的经历联系起来。如果出现这种情况，可以先用一段时间忘记那段经历，然后再试着接触那个地方、声音或是味道。

这种经验也有助于你成为了解孩子的专家。你必须弄清楚是什么触发了"不好的"或破坏性的行为，以及是什么引起了积极的行为。所以，什么使得孩子感觉有压力、平静、不舒适或者愉快？如果你了解什么会影响孩子，你就能更好地解决问题并阻止一些麻烦情况发生。

观察你的儿子在饭后、环境变化（在夏天外出）之后，以及接触不同的灯光、声音和风景后的行为和心情。你要做个福尔摩斯，调查清楚哪些情境需要调整。

保持安静的家庭环境和良好的家庭氛围。压力过大的家庭无法给自闭症儿童提供（他可能患有注意缺陷障碍、注意缺陷多动障碍或感觉加工障碍）他所需要的安全感和宁静的氛围。家长应该努力营造和谐民主的家庭氛围。如果父母相处得不好，孩子会感到紧张。

不要害怕在必要时处罚孩子。重要的是不要低估孩子。患有自闭症的孩子会有故意的错误行为。要确定什么是故意行为、什么不是故意行为具有挑战性。但是父母不应该认为孩子的所有行为都是无意的。像正常的孩子一样，自闭症儿童也应该被告知什么事可以做，什么事不能做。

成为感官问题的行家

感官问题通常会被误认为是行为问题。绝大多数自闭症儿童都存在感官问题,经常了解和解决这些感官问题将会改善孩子的很多不良行为。以下是一些可以帮助你成为感官问题专家的建议。不过最好求助于孩子的职能治疗师(OT)为其定制感官训练菜单①。就像按摩可以使患儿平静,但如果在错误的时间错误的地方按摩太久,就可能会适得其反,并使孩子更加敏感,所以不要试图自己一个人解决问题!

如果一个孩子有前庭和视觉问题,这会影响他对自己空间位置的感知,他可能很难稳妥地坐在椅子上,也可能会一次又一次地掉下来。为了避免摔倒或尴尬,他可能会为了摆正身体而坐立不安,或者经常离开座位。因此,他会表现得像一个坐不住的小孩。

——Markus Jarrow, "Occupational Therapy and Sensory Integration," *Cutting-edge Therapies for Autism*

面对有感觉统合障碍的儿童,请记住:他们的不良行为只是对感觉困难的有效应对机制。当潜在的感觉问题得到解决时,行为问题可能会完全消失。

——Markus Jarrow, "Occupational Therapy and Sensory Integration," *Cutting-edge Therapies for Autism*

儿童天生就试图得到自己需要的东西,避免自己害怕的东西。他们不断关注自己身体的变化,并试图调节自己。通过接收身体所

---

① 译者注:针对感觉统合障碍儿童设计的游戏活动。

传达的信息，我们可以帮助他们做出很多积极的改变。

——Markus Jarrow, "Occupational Therapy and Sensory Integration," *Cutting-edge Therapies for Autism*

♥

为了改善眼神交流，你可以坚持让孩子在想要某个东西的时候看着你的脸。你可能不会每次都达到想要的效果，但是请坚持下去并且在他看向你的时候给予更快的回应。他会注意到这一点并努力改进自己。

更多关于目光交流的建议：当孩子索取一个东西时，你可以把东西直接拿在面前并要求他与你进行目光交流。当他为了拿到东西而看向你时，就可以把东西奖励给他，从而把整个过程变为一个小游戏。再强调一次：关键在于坚持，只要坚持下去，他总会有进步的。

♥

利用自我刺激的行为。自闭症患者的自我刺激行为通常是为了逃避超负荷的感觉信息或者满足某种生理需求，如果你在该行为发生时介入，你会得到他短暂的目光注视或其他反馈，从而开始建立起你们之间沟通交流的基础。

♥

如果你的儿子极度活跃并且不受控制，不要试图大喊大叫让他停下来；拥挤或嘈杂地方（游乐场、商店）的环境可能会过度刺激他，大喊大叫只会让事情变得更糟。同样地，一个渴望感官刺激的孩子可能会从商店货架上拿走东西，或者到处跑，因为环境对他的诱惑大到超出了他的一般承受能力。责骂只会制造混乱，并且使大人和孩子在事后都感到惭愧。为了让孩子平静下来,让他的行为和情绪变得可控,请带他离开这个环境,并使用一个令他舒缓的东西,比如冰块、秋千、音乐,或者是深压,来帮助他平静下来。一旦你们冷静下来,就可以讨论一下发生了什么,以及发生的原因。如果孩子有语言障碍,要采用更加直观的方式;如使用图片、图像或沟通设备来讨论。为他提供解决策略,或者教会他如何主动要求按压或要求被带离某个有影响的环境。永远记得要用平静的语言和手势来安抚失控的孩子,帮助孩子重新获得注意力。

——Stanley Greenspan, MD, Overcoming ADHD

或者,孩子可能需要你完全安静。

所以,请观察孩子的肢体语言:他是否总是在跑步、跳跃、撞击地板或墙面?他是否喜欢久坐的活动?请与孩子的职能治疗师谈谈孩子偏爱什么样的动作和感觉。请职能治疗师给孩子制定感官训练菜单,从而给他持续的感觉输入并满足他的这些"渴望"。

要让孩子干活。一些重活包括耐力活动(如推、拉和搬运物体)可以给孩子提供有组织性的感觉输入从而使他们平静下来。在家里,可以让孩子帮忙做一些日常杂事,同时给他们提供感觉信息输入。例如:饭后推椅子,推超市的购物车,搬运较重的食物(大米、罐头等)并帮忙把它们收纳起来,把游戏盒子拿去清理,把洗衣篮拉到洗衣机旁边等。

我们常常用口腔活动帮助自己保持稳定和镇静（想想我们会吃口香糖、棒棒糖，咬嘴唇或咀嚼脸颊内侧）。同样，可以让自闭症儿童通过使用吸管喝浓稠奶昔、酸奶、苹果酱、布丁等以得到口唇刺激。如果孩子吸吮困难，可以将吸管剪短。还可以使用更窄或更长的吸管来增加挑战性。另外，可以让孩子多吃耐嚼的（例如干果）和松脆的食物（例如苹果），这有利于口腔运动的发展，同时也能使口腔得到更多的运动。请与孩子的言语治疗师或职能治疗师探讨其他刺激口唇的方法。

服装感觉问题

以下是避免产生与服装有关的感觉问题的一些提示。

- 考虑使用100％纯棉服装。
- 使用非过敏性肥皂（无染料，无添加剂）清洗衣服和床上用品。
- 应该如何对付一个抓住一切机会脱掉衣服的孩子？首先需要找出原因。最常见的原因是感觉敏感，所以请先与职能治疗师谈谈如何制定感觉统合治疗方案。
- 同时，看看可以做些什么让穿衣服变得更加舒适。有语言能力的孩子也许能够解释他们为什么不喜欢穿衣服。常见的原因包括硌人的腰带，令人发痒的面料，"新衣服"的气味和烦人的标签。有一些不能忍受系腰带的孩子可以穿松紧长裤和松紧短裤，尤其是那些用柔软面料制成的裤子，例如运动裤。而另一些孩子只能接受工装裤或连体衣，这种衣服有个好处是不容易自己随意乱脱。

- 对于操尿布的孩子来说,尿布本身可能就是个问题。请检查孩子是否有尿布疹并及时治疗(顺带一提,尿布疹可能是由皮肤上的真菌感染引起的,这也许反映出更大的问题:真菌过度繁殖)。请尝试不同种类的尿布、不同牌子的纸尿裤。如果腰部和大腿的束缚对孩子有影响,可以试试大一点的尿布。

- 请浏览那些为残疾儿童提供特殊服装的产品目录。这些目录中的许多产品特别适用于年龄较大的有如厕问题的儿童,也适用于那些除了患有自闭症还患有肢体障碍的孩子。

- 许多有感觉问题的人喜欢柔软的面料,如针织棉布或毛圈布,而不喜欢粗斜纹布如牛仔布。如果你的孩子出现这种情况,请在购物的时候注意面料问题。在穿新衣服之前多洗几遍,这样可以帮助消除那种僵硬的触感以及任何陌生的气味。

- 如果孩子突然对某件衣服产生厌恶,请确认并非因更换洗涤剂或织物柔顺剂而引起。因为这种情况通常是由某种气味引起或者是由过敏导致。

- 如有需要,请将衣服内的标签取下。

- 一个可以省钱和减少麻烦的解决办法是购买二手衣服而不是新衣服。这些柔软的衣服让人感觉刚刚好。需要重申的是它们可能需要多洗几次以消除任何令孩子不适的气味。

向感觉加工障碍的孩子积极表达情感

永远不要低估拥抱的力量。熊抱在传达爱意的同时也能给孩子提供了一些信息,帮助他们了解自己的身体从而形成更好的身体意识。这种信息能够使孩子感到踏实、平静。请记住,轻触往往令人厌恶。所以当家长给孩子拥抱时,请把手按在孩子肩膀上,或者在保证安全的情况下,用力抚触孩子的背部。如果孩子开始要求更多的"拥抱"、"挤压"和"抚触",不必感到惊讶。如果他拒绝拥抱,那么就和职能治疗师讨论其他替代性方案。以下是 Cathy Purple Cherry 就表达情感的方式给出的建议。

来自 Cathy Purple Cherry, AIA, LEED AP 的小贴士。

- 所有人都可以通过文字和图像表达情感,而不仅仅是通过肢体接触。因此,请用爱的文字和图片环绕你敏感的孩子。
- 了解自闭症儿童的感觉问题,避免使用或穿戴可能会触发负面反应的物品。这会让你获得成功的身体接触。
- 试着从不同的角度接近孩子——也许不是高高站着而是跪在地上。你可能会发现,最初的触摸点不同,自闭症孩子的反应也不同。你甚至可以试着在触碰他之前和他一起躺下。你也可以尝试用不同的力度触摸不同的身体部位。触摸头部是最好的方式,因为头发可以避免直接的皮肤接触。
- 你可能很难接受无法紧靠在自闭症儿子身上的事实,或者他和你似乎没有建立亲密关系的事实。请努力接受这个事实,这样就不会有被孩子排斥的感觉。对自闭症孩子来说,和人接触就是一种挑战。
- 如果不能通过身体接触表达感情,请尝试以下方法:只要不存在听觉敏感,就可以使用音乐和舞蹈表现情感。

- 送些好吃的东西来表明你爱他，并且不管它是什么，都要精心装饰。记得从小事做起，时刻提醒他妈妈爱他。花生酱和果酱三明治以及切成心形的曲奇饼都是特别好的表达方式。

- 当你努力与自闭症儿童建立良好关系，并对上述策略（或你自己创建的任何策略）感到满意时，一定要记得把你的做法告知护理人员和其他家庭成员。否则如果孩子和祖父母待在一起过个周末，就有可能抵消你之前所有的辛勤工作。

放假季

下列小贴士节选自："Twelve Tips for Helping People with Autism and Their Families Have a Happy Holiday" by the Autism Society of America，www. autism-society. org/holiday_tips。

提前做好放假准备对许多人来说至关重要。同时，确定特别人员可能需要多少准备工作也非常重要。例如，如果孩子在将要发生的某个事件中可能变得焦虑，家长就需要根据情况确定提前多少天开始做好准备。准备工作可以通过各种方式进行，例如在日历上标注各种节日的日期，或通过讲述一个社会故事来强调某个节日会发生哪些事情。

房子周围的假日装饰可能会给有些孩子带来困扰。翻翻以前假期拍摄的照片,这些展现房子环境和装饰的照片可能会有帮助。如果没有这样的相册,可以利用这个假期做一个。对于某些孩子来说,让他们和你一起购买假日装饰品也是有帮助的,这样他们就可以参与到购物过程中,你也可以让他们参与装饰房子的过程。一旦假日装饰完成,可能需要制定一个直接、具体并且前后一致的规则,明确哪些东西可以触碰,哪些不可以。

如果自闭症儿童很难适应变化,家长需要循序渐进地装饰房子。例如,第一天,放上圣诞树;第二天,装饰圣诞树;等等。并且在这个过程中尽可能地吸引孩子参与。制定一个一目了然的时间表或日历来展示每天将要完成的工作,可能会有所帮助。

如果自闭症儿童开始特别想要某个礼物或物品,家长可以具体和直接地记录他们谈及礼物的次数,以促进其言语发展。我的建议是给他们五个筹码作为奖励。孩子每次谈论心仪的礼物达到五分钟,就可以得到一个筹码。但是如果家长并不打算购买某个物品,请勿对孩子事先承诺。这样做会影响未来的教育效果。建议家长直接、具体地表明自己的意图。

请教孩子练习如何打开礼物、排序等待以及赠送礼物。还可以和孩子一起玩角色扮演,使其有所准备去接受一个自己并不喜欢的礼物。也要和其他家庭成员事先讲清楚孩子状况以避免到时尴尬。家长也可以选择练习某些宗教仪式,或者与言语语言病理学家一起构建一个与假期和家庭传统有关的词汇表或主题板。

♥

请教孩子如何在不知所措的情况下离开当前环境或获得支持。例如，如果家有访客，请为孩子留出一个空间作为他的安全所或平静园。家长应该提前教导孩子在感到情绪失控时去他自己的空间。这个自我管理方法即使到成年也非常有用。对于那些没有达到自我管理水平的孩子，可以约定一个信号让他们表达自己何时正处于焦虑状态，并鼓励他们使用自己的空间。对于存在更大困难的孩子，请在客人抵达之前，训练他在不同时间以平静的方式使用此空间。你可以带他进入房间，让他参与平静的活动（例如，播放柔和的音乐，拍他的背，关灯等）。然后当你下次注意到他变得焦虑时，立即冷静地带他离开焦虑情境，并将他带入安静的环境。

♥

如果假期旅行，请确保带着孩子最喜欢的食物或物品。常备熟悉的物品可以帮助缓解压力情景。此外，家长还可以通过社交故事或其他沟通系统使孩子准备好面对旅行中的意外延迟。如果是第一次飞行，请提前带孩子去机场并帮助他熟悉机场和飞机。另外可以使用社交故事和图片提前与孩子排练登机和飞行时会发生的事情。

♥

请家长提前准备好假日期间将会来访的亲朋好友的相簿，并允许自闭症儿童在任何时候翻阅这些照片，请与他一起浏览相册，同时简短地谈论每位家庭成员。

家长应该为家庭成员提供一些能减少孩子的焦虑或者行为问题并增加他的参与度的策略。帮助他们了解自闭症孩子是否需要冷静的对话,以及他是否偏爱被拥抱或亲吻。也可以向家庭成员提供其他建议,以顺利度过假期。

♥

如果自闭症孩子有特殊饮食需求,请确保他能够吃到喜欢的食物。即使孩子没有特别的饮食限定,也要注意摄入的糖量。请尽量帮助他保持规律的睡眠和饮食习惯。

♥

总之,应该充分了解你亲爱的自闭症孩子。要了解他可以接受多少噪音和其他感官输入。知道他的焦虑程度和你需要做的准备工作。了解孩子的恐惧和那些能够让他更加快乐的事情。请提前计划,莫有压力。一切都是为了度过一个美好的假期!

假日活动之前的准备

- 编写一个社交故事,或者用图片来表现节日应该是什么样子、派对和晚宴应该是什么样子。特别是涉及的人数,以及装饰品、音乐、灯光等带来的感官影响。
- 练习在摆放好盘子、餐具和有灯光音乐的环境中入座。
- 提供尽可能多样的食物以适应孩子的饮食习惯。记住自闭症孩子的饮食不能像健身或减肥一样要求严苛,可以偶尔放纵。如特定碳水化合物饮食法更可能会引发自闭症儿童的类似于花生过敏的反应。很多情况下,限制食品会引起孩子的不适,所以一定不能心存侥幸。
- 如果当前环境对自闭症孩子不利,要创造一个区域供孩子躲避。比如，给他一间卧室，把灯光调暗，或许还可以放些舒缓的音乐，甚至给他他自己喜欢的零食，也可以用毯子或者其他有帮助的东西来缓解他在家里其他地方所感受到的潜在压力。客人们可以逐个到那个区域看望孩子，以帮助孩子逐渐融入当前的活动。

• 同理，如果自闭症儿童对整个假期的活动安排不感兴趣（比如在感恩节的时候看电视上的比赛），可以为他安排替代性的活动。

• 带孩子提前练习亲吻、握手、点燃和吹灭蜡烛、打开礼物等活动。

• 如果孩子迫切地想要拆礼物，可以把礼物藏起来直到要打开礼物的前一刻再拿出来。

• 保留日历或倒计时直到活动当天，比如圣诞树六天或五天内到达，我们那时再拆礼物。

• 可以从你孩子的职能治疗师和其他治疗师那里获取一些关于假期的建议。

安度假期的更多建议：

冬日假期和庆祝活动对自闭症儿童和其家庭来说有些难度。这些困难主要包括以下几个方面：

• 商店里充满了噪音、灯光、大量人群和假日音乐，这些会给那些有感觉信息加工问题的人带来很大的压力。

• 有些社交需求会使孩子感到痛苦，如前来拜访的亲友想要拥抱或亲吻。

- 在节日晚宴上自闭症孩子要品尝各种食物,并在喧嚣环境中和很多人坐在一起很长一段时间。
- 许多孩子会被彩带和包装纸的颜色和质地迷住,只顾全神贯注地玩弄外包装,却不及时打开礼物。
- 自闭症孩子不理解个人空间的概念,也没有安全意识,所以会在房间里到处乱跑或者去拿易碎物品。
- 亲戚们可能会认为孩子的行为不端,并试图管教孩子,却没有意识到孩子难以自制,而且当孩子处于感官超负荷和高度焦虑的状态时,这种纪律约束是没有用的。
- 父母也很为难,因为他们知道亲友期望的一些行为是孩子无法完成的。

家长能够做什么呢?这里有一些建议,能帮助你引导来访的亲朋好友更好地与孩子相处:
- 解释说明孩子在节日晚宴的环境中以及在装饰品、噪音等方面会有应对困难。
- 让亲友知道他不是举止失礼,而是在一点一点地学习如何处理这些情况。
- 向亲友说明孩子饮食上的困难,这样他们就不会期待孩子也和大家吃一样的食物。
- 询问是否有安静的房间(装修布置能够保障儿童安全),让孩子可以安静地待一段时间以避开骚动和噪音。
- 向亲友发送简短但暖心的信件或电子邮件,解释为什么孩子要以他的方式行事,从孩子的角度如何来看假期的困难。这样亲友就能更好地理解孩子的行为举止,比如他为什么不戴领带,为什么当越来越多的人到达的时候,他会试图逃离房间。

提前为孩子做好准备:
- 为将要发生的事情和期望的行为制作一个社交故事书。如果可能,可以加入他将要看到的人的照片和去年装饰好的房子的图片。如果他要去教堂,也可以采取同样的做法。
- 播放他在这个假期可能听到的一些音乐。
- 练习打开礼物——在一堆盒子里面放上他最喜欢的东西然后包装起来,让他打开盒子拿到东西。
- 在他能接受的情况下练习握手。
- 将规则写在一起——比如他觉得自己可以忍受坐在桌前多长时间,以及他被期待做出哪些行为。

节日庆典当天:
- 提醒孩子遵守商定好的规则。
- 随身携带一些他坐在餐桌上时可以放在腿上玩的小玩具。
- 带上一些他可以吃的食物,特别是当他有特定食谱的时候。
- 尽早到达,这样对他而言噪音水平是逐渐升高的。
- 不要让别人的期望毁了自己的一天。做你需要做的事情,尽可能让自己和孩子过得舒服。

——Chantal Sicile-Kira(www.chantalsicile-kira.com)

玩具和礼品

简单常见的日常用品都可以成为自闭症孩子的玩具。比如，空盒子和磁带既简易又安全，足以让孩子玩上好几个小时。晃动的钥匙发出的有趣声音可能会引起有些自闭症儿童的兴趣，但要注意存在安全隐患，因为有些孩子会尝试把钥匙塞进任何孔洞。旧钱包可以用来存放折纸和地上捡来的"宝物"。我儿子最喜欢的东西之一是强力胶布，因为他可以用它创造很多物品，或者把旧物品变出新形状。重复性的动作会使他感到非常满意。因此，用胶带一圈又一圈地缠绕可以让他几个小时乐此不疲。

虽然现在公认质地不平的纹理玩具可以提供极佳的触觉刺激，而软绵绵可以挤压的玩具能够减轻压力。但是，如果你不希望房子里到处都是挤压玩具里的液体，就不要给孩子那些填充了液体的挤压玩具。他们会用尽办法把里面的液体挤出来。如果孩子喜欢抠摸东西，也请不要给孩子纹理特别丰富的玩具，他很可能去抠掉那些纹理。

可以啃咬咀嚼的玩具能够缓解口腔期固着，而且也很耐用。无论你走到哪里，它们都很容易携带。你可以登录网站 sensoryuniversity.com 查看相关信息，也可以向职能治疗师寻求建议。

有时，对玩具进行分类对自闭症儿童也很有吸引力，因为这可以让他们组织自己的世界。不同年龄的孩子适合用来分类的玩具也不相同。较小的孩子倾向于彩色积木,而大一点的孩子则偏好纽扣和硬币。

❤

有些事情要牢记:

- 玩具上的小零件不是什么好东西。它们可能会引发挫折感,更重要的是可能激发孩子拆掉玩具的念头。
- 声音大、有噪音的玩具不太适合——因为它们不仅可能激怒自闭症儿童,还可能会激发那些你试图抑制的行为。
- 不要给任何年龄段孩子提供有锋利边角的玩具,因为在发脾气的时候,这些物品会伤害到自闭症儿童、他们的兄弟姐妹和其他家人。

外出就餐的建议

请尽量避免过长时间的用餐等待,或者更直接地说就是避免任何用餐等待。请提前或推迟用餐时间以避免用餐高峰。因为你一定不希望孩子在用餐前情绪崩溃。你可以尝试一下路边的小餐馆,我们发现这些地方总是服务周到而且有很多用餐选择。

那些带有室外用餐的餐厅是最佳选择。如果孩子像 Alex 一样在吃饭时把食物弄得一团糟,室外用餐可以减少许多清理的麻烦,而且你们还可以随时起来走动。

请确保餐厅可以为孩子提供任何特殊饮食。这并不容易做到。家长需要先上网搜索餐厅的菜单,然后电话确认食材和烹制过程。记得告知餐厅孩子的过敏史并强调不能使用味精。

一旦家长找到了一个适合孩子的好地方,就可以经常光顾并多给些小费。这样以后就可以电话要求特制餐食,甚至可以提前点单。

家长可以循序渐进地达成外出就餐的目标。我的做法是先把 Alex 带到了一些偏僻的地方买炸薯条。然后,在人比较少的时间带他到餐馆吃正餐。最后,我们努力在晚餐时间出去吃顿便饭。

这个过程需要时间。为了让孩子到一个舒适的地方就餐,我花了大约四个月的时间,直到他过生日那天。在那个重要的日子里,他很守规矩,我也确实享受到了外出就餐的乐趣。正所谓熟能生巧。

家长和孩子也可以在电视或 YouTube 上观看卡通人物或其他孩子喜欢的角色外出用餐的视频,并和孩子讨论一下如何模仿电视角色做同样的事情,从而为外出用餐做好准备。

一旦入座,并点好了餐,请提前支付账单。把名片递给服务员,并告诉他你们有提前离开的可能。

和外出旅行一样,请带一些东西帮助孩子等待就餐。iPhone 上的 YouTube 很有效,不过书籍和咀嚼玩具也能达到目的。

开始吃饭时,轻松提及孩子的自闭症状况,这会帮助身边的服务员理解你们,也能让你放松下来。

度假和旅游建议

请以孩子的兴趣为主来安排假期。我家 Alex 喜欢水和户外活动,所以我会关注那些有游泳池和徒步旅行路线的地方。家长可以计划许多美好的一日游,如到国家公园或风景优美的地区。

在国家公园度假是个相当不错的选择。想想看这些优点:你自带食物,所以不用担心饮食问题;经济实惠,风景优美,还是一个让孩子和大自然亲近的绝佳机会。在户外徒步旅行也会使人感到平静放松。美国各地有许多美丽的公园。详情可以查阅 www.nps.gov/findapark/index.htm。

"在与自然的每一次往来中,人们所获得的远远超过所寻求的。"
——John Muir

有些游轮公司现在有专门为自闭症儿童及其家庭设计的服务。家长可以直接在网上搜索"自闭症游轮"。

保证有充足的酒店休息时间是度假成功的关键。另外,控制孩子每天的活动数量有利于防止极端情绪出现。

请你的职能治疗师提供一个可以随身携带的感官盒,以帮助孩子在飞行或长途汽车旅行中保持良好的状态。家长在鞋盒或者密封塑胶袋里放上橡皮泥、挤压球等玩具,一定会派上用场的。

可以在非高峰期带孩子去主题公园,这样排队短、人流量小、噪音少。请提前做好相应的计划。请携带耳塞或者头戴式耳机,以防噪音让孩子无法忍受。

请孩子的医生、治疗师或者老师给航空公司写封信,说明孩子的状况和面临的困难,这有助于减少上下飞机的排队等待时间。直接把书面信件递给相关人员比当面谈论孩子要有效得多,特别是当在飞行过程中遇到一些困难情况时。

旅行就是面对各种变化

无论患者是儿童、青少年还是成人,都要尽可能地提前为他做好准备,这会让同行的所有人的旅程都变得更舒心。家长可以提前计划好具体行程,确保患者和环境都安排妥当,以获得更好的旅行体验。

以下是来自 Chantal Sicile-Kira(www.chantalsicile-kira.com)的一些建议,可以帮助你获得更好体验。

- 想想患者的日常活动和他喜欢或需要的物品,旅行时随身携带这些物品会让他觉得像在家里一样自在。无论带什么食物、饮料都会让患者保持愉悦，特别是在有饮食限制的情况下。

- 购买一些可以在旅途中玩的小巧、便宜的玩具或书籍（这样如果弄丢了也没什么大不了）。如果孩子只玩一个喜欢的物品，试着找一个一模一样的，看看在旅行之前是否可以成功代替。

- 旅行前不要清洗任何物品（包括毛绒玩具），因为带有"家"的味道的物品可能会使患者感到舒适。

- 把日历挂起来，明确标记出发日期，每天都核对一次，直到出发。随身携带日历，标注在某个地方待的天数或者是旅程中的天数，并注明返程日期。

- 把将要用到的交通工具，拜访的人，住宿的地点以及打算在目的地做什么或看什么，用图片和文字做成"旅行手册"放在一起。与孩子一起阅读这本"手册"，就像读故事书一样，经常为旅行做好准备。"旅行手册"使用活页夹是最好的，方便添加额外的页面或插入上面提到的用于旅行的日历。

- 旅行中，请把实际旅程的图片或文字计划安排在一起。请在"旅行手册"中添加额外的页面。如按照旅行顺序添加便利贴并附上图片或文字。例如，一幅图包括了坐车到机场，通过安检，登上飞机等。如果坐汽车旅行，可以使用代表旅程中不同站点和行驶里程数的图片。完成一段旅程后，可以添加一个空页来放"完成"的图片。

- 如果可能，建议在尝试较长的路线之前先进行短途旅行。这将有助于孩子习惯旅行，并让家长有机会提前应对可能遇到的困难。此外，如果合理使用旅游攻略，孩子就可以把"旅行手册"和未来的旅行联系起来。

- 入住酒店的时候,最好提前打电话预订一个安静的房间。如果孩子有可能在酒店的公共区域表现出一些不好的行为,家长需要就此解释一下。就像在朋友或亲戚家一样;如果孩子有不当行为,比如脱下衣服,光着身子从屋里跑过,每个在场的人都会觉得很尴尬。

- 如果乘坐飞机旅行,尽可能提前致电航空公司,告诉他们你将与有特殊需求的人一起出行。某些航空公司有"特别协助员"。你可能需要解释一下孩子的特殊需求以及可能影响其他旅客的行为,比如孩子可能在座位上摇摆。如果孩子特别爱晃动,可以申请舱壁座椅或飞机上的最后一排座椅,以减少晃动影响到的旅客数量。如果需要有人协助将患者或行李挪运到登机口或者转乘班机上,请提前打电话预订轮椅服务。即使患者不需要轮椅,这样做也可以确保有人提前守候在那儿随时提供帮助。

- 自闭症患者应该随身携带身份证。请确保他随身携带身份标签,上面写有现用电话号码。还可以订购医疗信息手环、项链或者可以系在鞋带上的标签。此外,如果患者可以自己在口袋里放置身份证明,请制作一个带有照片、出生日期和电话号码的身份卡。记得把其他重要信息一并写上,例如有过敏症、正在药物治疗和其他特殊信息(如有语言障碍)。

- 成年乘客(18岁及以上)必须出示美国联邦或州政府颁发的身份证,上面包含以下信息:姓名、出生日期、性别、证件有效期和防篡改标识,以便顺利通过安检并登机。可接受的身份证明包括:由机动车辆部门(或同等机构)颁发的符合实际基准的驾驶证或其他照片身份证(截至本文撰写时,所有州均接受这类证明)。

和自闭症孩子的居家生活

来自 Cathy Purple Cherry,AIA,LEED AP 的小贴士。

如果自闭症儿童有兄弟姐妹,尤其兄弟姐妹年龄比较小时,在家居环境中往往会出现相当多的冲突。这里提供一些简单实用的家居设计方案和策略,便于大家应用以减少冲突。

如果你从头开始设计一个新家,一方面要遵守美国残疾人法案的规定,例如安装开口较大的门、坡道以及美国残疾人法案认可的光源和管道等装置,以应对孩子可能面临的身体挑战,另外以下设计也可以考虑用于自闭症人群:

- 将厨房台面和岛台之间的宽度增加到至少 5—6 英尺。这有助于增加家庭成员的个人空间,减少肢体触碰的可能性和入侵感。
- 如果房子较大,包括 2 个楼梯的话,每个楼梯的宽度至少应为 4 英尺,以降低孩子通过时因路径交叉而碰撞的可能性。
- 为自闭症儿童的卧室配备一间浴室。这能消除两个兄弟姐妹之间可能发生冲突的因素,这些因素可能会因为自闭症儿童的不当判断和兄弟姐妹的不当反应而进一步增加。
- 安装一个电烤箱,不要安装煤气。对于自闭症儿童和青少年来说,对火的好奇可能是一个隐患,使用电器有助于消除这个好奇心引起的风险。
- 使用木地板,而不是地毯,这样可以使你听到自闭症儿童或青少年的脚步声,从而了解孩子在家中的动向。也给家长一个预防冲突发生和避免判断错误的机会。

- 在板墙上装订木头格档以便放置毛巾和浴袍挂钩。因为随着孩子们一天天长大,那种套挂螺丝很容易因孩子们取东西时用力过猛或方向不当而损坏。
- 在房间或走廊区域的板墙后面安装胶合板,以防止青春期孩子的对立行为增加对墙壁造成损坏。
- 总的来说,冲动会导致不当的决定和冲突。最好的策略是"眼不见,心不乱"。我是在我的自闭症儿子10岁时从厨房柜台上的刀架上拔出一把刀,并把这把刀作为威胁别人的武器后才知道这一点的。如果你不希望让孩子接触、偷走、冲动地拿走或损坏一些物品,你就必须把它们放在孩子的视线之外。记住把所有的刀具放在柜子里,把所有的打火机都藏起来,把所有的工具都藏在壁橱里或者其他安全的地方,把所有的武器和爆竹放进保险箱,把所有的钱都锁好。

如果你家已经完成了装修,下面的一些小点子还是可以用到的:

在厨房里设置一个单独的餐柜,以防止兄弟姐妹因共用食物时的触碰而产生摩擦。当孩子们年幼时,他们还没有能力对家里的其他自闭症孩子做出适当的反应。我家的情况是其他兄弟姐妹比自闭症患儿年龄更小,因而情况会更加复杂。

请为自闭症儿童明确划分户外游戏区域。这个区域可以通过植物、篱笆或雕塑来划分。这样有特殊需要的个体就可以做任何他们想做的事情而不会和其他在同一个院子玩耍的兄弟姐妹产生冲突。

♥

在孩子的房间放置一定数量的抽屉来装孩子囤积的物品，并向孩子解释当抽屉装满时，必须移除一些物品从而为其他物品留出更多空间。

♥

把自闭症儿童卧室和浴室的门锁全部去除。我们的儿子在发脾气的时候喜欢把自己锁在浴室里。他也知道站在花洒的外侧，然后把头发淋湿假装在洗澡。如果没有门锁，我就可以敲敲门，然后进去看看他在做什么。

♥

在自闭症儿童的卧室、浴室和厨房里放置计时器，使用计时器可以帮助儿童了解做某件事需要多长时间。Matthew 没有时间观念。我们最开始是在他的浴室里使用计时器，因为他的淋浴时间长达 40 分钟。计时器帮助 Matthew 更好地判断一件事情需要花费的时间。现在我们不再使用计时器了，但是仍然需要催促他或者帮他倒计时。

♥

把那些危险的东西锁在特定的橱柜里，这样可以防止孩子去触碰。此外，孩子可能也会对一些食物十分痴迷，你需要一并将这些食物锁进橱柜里。

♥

如果有必要，可以像大学宿舍一样布置一个自闭症青少年的房间，这个房间独立于家里的其他空间。随着孩子一天天长大，他的力量增强了但是判断力却没有提高。为了弟弟妹妹的安全考虑,我们必须想办法减少孩子们接触的机会。正如之前我们讨论类似策略时所提及的一样,就餐时间一定是我们家最难熬的时间,主要原因包括餐桌礼仪、语音语调、不良反应以及我们自闭症儿子的一些不当行为。

高效的育儿方式

患自闭症并不意味着你的孩子无法拥有充实的生活;你的词典里不要有受害者这个词。你可以用一些鼓舞人心的话告诉他,他可以做到任何自己想做的事情。这里有一些小贴士可以帮助你顺利度过每一天并教育好孩子。

尝试给孩子安排一些结构性的家务,让他每天都可以去做。这将有助于构建他日常生活的结构,并让他每天都获得成就感。我们建议的家务活动包括把玩具收纳到箱子里和帮助洗衣服等。

可能你一开始并不知道哪些家务适合安排给他做,也不容易动员他做,但只要坚持下去,就能让他逐渐获得责任感。有时候你可能觉得不得不亲自去做,但是请给他一些时间找到窍门儿,你们两个都会有所收获的。像对待自闭症孩子的其他方面一样,你需要一点儿耐心。

设置中等难度的目标可以让孩子更加专注,获得更多的成就感。无论对你还是对孩子来说,制定一个清晰明确的日常活动表格,对于消除不确定感和与之相伴随的沮丧感都有神奇的效果。

♥

家长要做到能够正视孩子的优点和不足,这样才能更好地主张孩子的权益。自欺欺人反而误事。

♥

不要被怒火冲昏头脑。说话时记得先深呼吸,然后做出慎重反应。

♥

时间方面要灵活。如果孩子在洗头时自顾地跑开了,不要强迫他继续洗,可以等待 10 分钟之后重试。

在时间方面,灵活性是关键。懂得什么时候妥协退让,什么时候继续完成任务,更像是一门艺术而非科学。保持思维灵活且坚持不懈会很有帮助!

♥

尽量不要过度保护。这话理解容易做到难。如果试着让孩子控制局势,或者扩大他的自主权,那么当他成功地适应或者学会一些东西时你可以给他赞扬和鼓励。

♥

让自己保持愉快。我知道这说起来容易做起来总是很难。但你仍然应该尽可能保持积极的情绪,因为你的情绪会对你的孩子产生重大影响。如果需要的话,请清除所有负面影响、想法和人物。你和你的孩子没有时间消沉!

为自己找一些私人时间和自我安慰的方式。你可以去树林散步,在公园跑步,或在湖边读书。你需要照顾好自己,而户外活动如同心灵补药,效果很好。

建立自尊心

请记住,尽可能把孩子当做正常发展的孩子来对待。孩子们很棒,至少能满足你的最低期待。这里有一些建议。

让孩子拥有良好的自尊水平,这是成功生活的必要特征,这意味着在教养的过程中要给他足够的爱和信任。寄予孩子高期望的同时也要教会孩子如何去达成目标。告诉孩子,他有权利保留自己的意见,给予他选择的机会并尊重他的选择。要让孩子相信,只要努力,他就能达到目标。通过这种方式,他可以发掘出自己真正的潜力。

——Chantal Sicile-Kira,author of *Autism Life Skills*,
www.chantalsicile-kira.com

孩子自尊心的发展大部分基于他在家里的所闻所见。你可以花一天时间,听听孩子在家里都听到些什么信息。他听到的大多是正面评论还是负面评论?他是否在接受自己身份的同时仍然被期待发挥自身潜力?他是否因正面行为受到赞扬(而不仅仅因负面行为受到批评)?家长的表达方式和态度会对孩子自尊心的发展产生很大的影响。

♥

家长不应该用自闭症来定义孩子。正如人们不会狭义地定义一个患有高血糖的孩子说"我的孩子是糖尿病患者"一样，具有自闭症特征和表现的孩子不应该被贴上"自闭症"的标签。孩子不是自闭症患者，而是像我们所有人一样，是一个贴心又精彩的个体，他有许多积极的品质，当然也会面临可能发生的各种挑战。

——Dr. Mark Freilich, Total Kids Developmental Pediatric Resources, New York City

组织有序生活

这是一项重要任务。自闭症孩子父母的日子已经够忙了，我们没必要整日思考下一步要做什么。我们应该努力形成有组织的思维方式。当一天结束时我们往往都很累，无法进行任何复杂的思考或脑力活动。所以这个时候是做一些有组织的任务的好时机：把东西归位，列清单，填写我之前一直提到的电子表格等。这里有更多能帮助你组织有序生活的建议。

♥

为孩子的日用品和玩具准备一个收纳箱是很有用的。将玩具和用品按类别放到不同的箱子中，然后给每个类别的玩具和用品拍照，并把照片贴到对应的箱子正面。

♥

把孩子的玩具、日用品和衣服放到可以看见的地方。如果自闭症儿童能够看到他们的所有物品，他们会更容易保持条理性和日常运转。抽屉通常不适合自闭症儿童。你应尽可能把衣服挂在外面或者折起来放在架子上，最好是小柜子里。将牛仔裤放在一个小柜子里，将运动衫放在另一个小柜子里，以此类推。袜子、内衣和睡衣最好放在透明的箱子里，并在箱子前面贴好照片。如果没有小柜子，可以在每个抽屉前面贴上照片。如果条件许可，请尽量不要将不同类别的物品放到同一个抽屉里。

制定日常生活安排并尽可能地坚持下去。有规律的日常生活可以使活动之间的转换更轻松。当自闭症儿童有规律地进行日常活动时，他们能够更好地成长并且适应生活中的变化。形成固定的日常生活安排之后，可以慢慢加入一些小的变化以帮助孩子发展应对变化的策略。注意：最好一小步一小步地引入变化。逐渐地，孩子就能够在面对由变化引起的焦虑时，使用社会故事或者自言自语等策略来缓解焦虑。

有组织的日常活动的一个典型范例是：每天晚餐前告诉孩子他有 10 分钟准备时间，然后给他设置一个 10 分钟的计时器。告诉他当计时结束时，他要把所有玩具收拾起来并放到相应的箱子里。这样就建立了一个例行程序，让他知道应该做什么，自己会有 10 分钟准备时间，然后在需要整理归纳的时候给他们一个明确的声音提示。

还有一个补充做法是：当计时器停止，孩子需要整理收纳物品时，你可以放一首固定的歌曲，这首歌可以提醒孩子现在是收纳时间。这个过程会很有趣、很好玩而且很自然，同时也能帮助孩子保持良好状态从而更快地完成任务。

最后,为孩子制作一个图片日程表,这对自闭症儿童来说非常有效。当孩子完成任务时,他可以把相应的图片移动到已完成事项那一侧。最重要的是孩子可以操纵这个互动性的日程表。这个日程表中的任务可以按照首先、其次、最后的顺序排序。这样孩子就会知道任务的顺序,一旦完成任务,他就可以把图片移到已完成的那一侧。现在有许多应用程序可以帮助你制作这种表格。

管理治疗团队

从管理的角度来看,让父母中的一方对自闭症儿童负责是最有效的。在许多情况下,一方负责更容易集中全力,也因此能够获取到更多信息。负责的一方会作出决定并向其他人提供完整的信息。而父母中的另一方也便于多关注家庭中的其他孩子,如果是只有一个孩子,则可以集中处理一些特定事务,如:生物医学研究或者家庭支出规划。

在孩子的治疗推进、学校选择或其他尝试方面,不要完全依赖于某个机构或个人。孩子的状况会随着时间而改变,你需要对当前的计划和团队进行监控和作相应的调整。一定要灵活变通并持续寻求进步。

记得要与你孩子的老师、医生和治疗师建立联系,经常互相分享信息；要把自己当做整个"团队"的领导者。我把自己当做是 Alex 治疗团队的首席执行官并定期和团队成员进行交流，同时我也让团队成员之间互相联系并尝试定期举办会议。举办"聚会"是个好主意，可以把团队成员邀请到一起娱乐放松，然后讨论可以改进的地方，并让大家保持同一步调。

请与所有教育孩子的团队成员进行沟通。通过营造团队氛围、研究可行方法并坚持使用结构化的治疗方案，孩子能够得到最好的治疗。所有团队成员要齐心协力达成共同目标。

团队中的每个成员都需要就孩子的治疗方案、目标和治疗本身达成一致。开放的交流也必不可少，这确保了每个人都朝着共同的目标一起努力，从而齐心协力、事半功倍。

请将所有文件存档。你应该扫描并保存所有纸版表格的副本，并打印在线表格，以防在打电话或开会的时候用到它们。你将需要不断地翻阅那些有关孩子自闭症的文件、笔记和记录。整理好这些文件可以促进一个跨学科的健康团队的沟通，更不用说对于减轻你的压力的意义了。

涉及更多治疗师和治疗方法的方案并不一定是更好的方案。只有少量治疗师参与的方案能够保证孩子与治疗师或家长与治疗师之间有更深入的交流。孩子接触的治疗师越多，越有可能感到混乱。

——Lauren Tobing-Puente，PhD，Licensed Psychologist，
www.drtobingpuente.com

♥

孩子应该总是很高兴看到他或她的治疗师。如果不是这样，你需要重新评估治疗方案或者治疗师本人。通常，问题不在治疗方案，而在方案的执行者身上。

寻找新的治疗师时要相信你的直觉。你应该从一开始就能够和你孩子的治疗师相处融洽。那些赫赫有名的治疗师并不一定适合你的孩子、你自己和你的家庭。

——Lauren Tobing-Puente, PhD, Licensed Psychologist, www.drtobingpuente.com

♥

治疗师绩效的一个衡量标准就是孩子的进步。孩子在治疗师的指导下是否正在体验到成功呢？如果不是，为什么？观察孩子在治疗期间对治疗师的反应。孩子和治疗师在一起开心吗？治疗师和孩子在一起开心吗？

——Karen Siff Exkorn, *The Autism Sourcebook*

如厕训练

如厕对于许多自闭症儿童来说又是一个难题，也是让父母感到沮丧且常常出现失眠的一个难题。我的儿子直到 11 岁才完成了如厕训练。找出因果关系并找到正确的策略是一场漫长的战斗，但我们做到了！以下是一些对我们和其他人都很有用的小贴士。

如果遇到了孩子尿床的问题,你可能需要增加带孩子上厕所的频率。哪怕孩子看起来没有如厕的需求,你也需要定一个闹钟,每隔一到两个小时把他带去洗手间。随着尿床次数的减少,可以延长上厕所的时间间隔直到孩子整晚都不尿床。不要因偶尔的退步而气馁。我的儿子多年来都有这个问题,我花了一个月的时间训练他不再起夜,并且整夜安睡无恙。

仅供参考:某些药物,尤其是利培酮/维思通,有减弱排尿控制的副作用。你可以检查一下孩子所服用药物的副作用。

瞄准——你可以用靶子帮助孩子在排便时瞄准位置,也可以用冰块代替。冰块效果很好,但是如果在网上搜索如厕靶子(toilet targets),能找到好几种实用产品。这些产品可以放到碗中给孩子提供一个视觉目标,同时也会让孩子产生兴趣。

一个常见的问题是,孩子也许能够在家中正确使用厕所,但拒绝在学校使用厕所。这可能是因为孩子未能识别学校厕所。比利时的Hilde De Clercq发现自闭症儿童可能会利用某个很小的细节来识别事物,例如厕所。要想找到这些细节我们需要仔细地观察。例如某个孩子只会使用家里有黑色坐便器的厕所。他的父母和老师就把学校的白色坐便器用黑色胶带缠起来,让他能够顺利在学校上厕所,然后老师渐渐将黑色胶带拆除,最终白色坐便器也能够被孩子识别为厕所。

——Temple Grandin, PhD, author of *Thinking in Pictures* and *The Way I See it*; www.autism.com/ind_teaching_tips.asp

♥

如果采取以上措施后仍未解决尿床问题，你需要排除过敏性尿床的可能性。你也可以咨询经验丰富且治疗过自闭症儿童的胃肠疾病学家。因为尿床也有可能是肠胃紊乱的症状。

更多如厕建议

来自 Cathy Purple Cherry, AIA, LE 的小贴士。

- 患有自闭症的儿童常常会通过重复性的日常行为进行学习。因此，成功排便的训练离不开重复性练习。家长一定要勤奋一些。当你回想起这么多年把自闭症孩子抚养成人的整个过程，你会意识到"耐心"是孩子带给你的最好礼物！因此，成百次地耐心练习，耐心练习，再加耐心练习！

- 自闭症儿童并不总能对周围的环境有一个清醒的认识。他们的触觉可能会有些迟钝。例如，我们的儿子对热和冷的敏感度很低。因此你应该意识到孩子对于把衣服搞得一团糟这种事并不会在意。接受孩子的这类行为对你来说也许是巨大挑战，但也是唯一的解决方案。

- 目前公认在学校实行奖励制度对于行为矫正是有效的。如果孩子在如厕训练上逐渐进步，你可以为他准备一个计分表，设立一个小奖品,作为奖励。对于我儿子而言,一个樱桃派比一个冰激凌圣代更能激励他,所以一定要记住投其所好。

- 和孩子约定一个手势信号,这样他可以在麻烦发生前提前告知你他的排便需求。一旦他使用这个信号,一定要奖励他。
- 试着允许你的自闭症孩子在草地上小便。这对于幼童而言会很有趣,也能帮助自闭症儿童学着不在裤子里尿尿。

睡眠

偶尔的睡眠问题可能是由许多不同原因导致的,很难区分。你可以排查一下新药物的潜在副作用、饮食变化、排便需要、作息时间的调整或者是白天小憩情况等。再次强调,建立日常活动日志可以帮助你查明原因。

睡眠要有规律。有了好的夜间睡眠,孩子和父母都会感觉更好也更加心情愉悦,所以不要让药物或者其他治疗影响睡眠。如果睡眠出现问题,可以尝试服用褪黑素,它对于很多不同年龄的孩子以及存在睡眠问题的家长都很有效。褪黑素也可以被用作强效抗毒素。除了褪黑素之外,我最近还发现 CBD 油[①]在很多方面都有奇效(比如可以减轻焦虑),它也有助于促进睡眠。

没有固定的睡眠习惯会导致许多慢性问题。所谓固定的睡眠习

---

① 译者注:CBD 油,大麻油的一种,主要用途是医疗。

惯是指固定的睡眠时间和固定的睡眠地点,包括固定的房间和固定的床。此外,要在睡前限制儿童使用电视和电子设备。Alex 近年来睡眠质量一直很好,他每晚 8 点准时沐浴(用镁盐泡澡),然后服用褪黑素和姜基饮料。晚上 9 点我们会关闭所有电子设备(我们不看电视),Alex 会在 9 点半左右,最晚 10 点入睡。我们在周末也严格执行这一作息制度。

此外,你可以把睡眠规则制作成图片,并让孩子大声地将这些规则和作息安排读出来,这样可以帮助孩子缓解与睡眠有关的焦虑感。

♥

如果时间允许,建议早晚都用镁盐泡澡。镁盐可以使人镇静,可以作温和的螯合剂,可以帮助身体排毒,还可以促进睡眠。

♥

褪黑素要在晚上使用,刚开始每次服用 1 毫克,之后根据需要酌情增加,或者随体重增加而增加剂量。如果夜间惊醒,要使用缓释制剂,这是适用于失眠的标准配方。相比安眠药,这种补充剂非常安全、见效快且没有副作用。另外,褪黑素有强大的抗氧化性能,还有助于孩子在白天保持良好状态(一晚良好的睡眠往往有神奇的效果)。

♥

改善家庭环境,以获得最佳镇定效果。可以用一些植物绿化周围的环境,特别是虎尾兰,它可以提供大量氧气,也比较容易打理。其实,你可以让孩子给植物浇水,照料它们,以此作为一项日常活动。

另外，你可以在网上搜到喜马拉雅盐晶体，它能发出柔和而宁静的光，还能够净化空气。

你还可以改善卧室环境，让卧室变得更有吸引力。一些孩子对夜间照明反应良好，而另一些孩子则需要完全黑暗的环境才能入睡，因此需要遮光帘遮挡窗外的光线。许多自闭症孩子在床靠着墙的环境中睡得更好，这样他们更有安全感（角落效果更好）。

为了消除那些令孩子不安的噪音，你可以使用白噪音来助眠，例如，在卧室开一台电扇，或者用小音量播放莫扎特的音乐或其他放松身心的音乐。我强烈推荐来自大自然的声音，或者是美国本土的长笛音乐和茶伽罗之音这些非常平静的音乐。记住，尝试新东西时，一次就只专心做一件事，并且坚持一段时间，随着时间的推移，再慢慢地增加别的事情。

♥

如果你常常和自闭症儿童睡在同一张床上，并且他或她正努力尝试独自睡觉，你可以用睡袋或者靠枕"代替"自己，来模拟通常你躺在床上时产生的重力。

此外，为了逐渐过渡到分床睡，你可以布置一个酒店式房间：把你的大双人床换成一对单人床，并在中间摆上桌子以使睡眠彼此独立（在此之前先将两张床合在一起过渡一段时间）。等孩子适应之后，就可以着手让他回自己房间睡觉。下一个步骤是先陪着他在自己房间入睡，等他睡着之后你就可以回到自己房间。这个方法对我们来说很有效。

修饰打扮：理发

这里介绍的做法对 Alex 很有用。首先，我们咨询了家长互助会（注意：再次强调互助会）。他们向我们推荐了一位在纽约本地一家儿童沙龙工作的造型师。一定要找一个耐心的造型师，他最好有过为自闭症儿童服务的经验。接下来，我们预约在周末正常营业时间之前去理发（服务者也是孩子的看顾者），赶在其他人来之前可以有一个更安静的环境。儿童沙龙会配备电视以分散孩子注意力。我也会带一些零食或者 iPad，不过渐渐地我们就用不到这些了。理发时做些按摩，对我们也有好处。

我还要补充一句，剪发前，我会亲自帮 Alex 洗头发，然后和他讨论等一下要去剪发。我还在 iPad 存了之前剪发的照片，好让他为这一次剪发做好准备。家长还可以用视频为活动建模，或者拍摄社会故事的照片。我发现，只要始终如一坚持下去，随着时间的推移，最终可以成功消除孩子的焦虑和不安。

♥

如果孩子对理发店或沙龙的气味敏感，可以找一家老式理发店，这种店没有洗发香波的刺鼻味道。你也可以直接买一个家用理发套装。理发店一般都可以用无香味的洗发水，但是你需要自己买了带过去，或者提前向商家提出要求。

♥

如果孩子对剪刀的嗡嗡声或者吧嗒吧嗒声敏感：有些人能够接

受两种声音中的一种。有一些老式手持剃刀可以用来剪发,但是很难找到一个能熟练使用这一工具的师傅。你可以到处找找。也可以给孩子使用耳塞,或者用耳机连接 iPod,播放一首他最喜欢的歌。如果这样能让孩子安静地坐在椅子上,理发师也会便于操作。你还可以选择给孩子留一个比较长的发型,如果梳洗对他来说不成问题。

如果孩子是一般的感觉敏感,可以试着经常用中软的梳子梳头。这能够及时降低头部敏感度。你也可以在剪头发时让孩子坐在自己的大腿上;一个紧紧的拥抱也许能让他安定下来。刚开始的时候,在家理发是最好的选择。

修饰打扮:脚指甲和手指甲的修剪和清理

坚持是关键,一定要定期修剪和清理指甲。无论什么任务,只要定期去做,我发现大部分孩子都能逐渐适应,因而父母需要有强大的意志力。

我是先在自己身上做实验,然后再给 Alex 修剪指甲的。刚开始时,你可以用一个"如果/那么"范式(如果你这样做,你就能得到某样东西:比如食物或者游泳等)。我发现这个方法对于帮助完成一些孩子抵触的任务很有用,一段时间后也可以渐渐撤除奖励。

大的、弯曲的脚指甲剪比小的手指甲剪更好用,用它无论剪脚指甲还是手指甲都很合适。如果可以,刚开始要在孩子睡着时给他剪指甲,但是最终还是要把它变成一个日常活动并帮助孩子克服恐惧。

再次按摩:为了让孩子更配合,你可以在修剪每个指甲的间隙给他按摩。比如:剪一个指甲按摩一下肩膀。

一些普遍有用的卫生技巧

大多数自闭症男孩儿无法理解他们需要自己知道的卫生和健康常识,而这恰巧是需要重视的地方。孩子难以记住具体动作步骤或者什么时间该做什么事,有的时候这是因为缺乏练习,还有的时候是由于缺乏运动计划能力。

如果孩子自我护理存在问题,家长需要做一个任务分析以确定孩子在哪里出现问题(例如他从不洗头),然后弄清楚为什么(例如:他总是忘记;他头皮敏感;他讨厌香波的味道;他无法把胳膊抬高;等等)。一旦知道问题是什么,就能够找到解决方案。

有些孩子喜欢一直重复穿同一件衣服,可能是因为喜欢衣服的布料或者是上面的某个图案。随着年龄的增长,从不换衣服不太可行。家长要告诉孩子,这些衣服可以在家里私下的时候穿(例如,客人不在时)。找一些适合他年龄的舒适替代品,让他出门的时候穿。

良好的卫生习惯需要尽早培养,反复强调。家长要向孩子解释为什么养成良好的习惯很重要(可以借助一些符合能力水平的社会故事)。培养良好卫生习惯一部分是出于健康原因(我们这样做可以保持健康),另一部分是出于社会原因(我们和他人交朋友时需要保持整洁)。

找一个同龄的青少年和孩子一起购物很有用。尽管家长以为自己知道什么是酷的、什么是"潮"的,但是同龄人更能凭直觉判断当下的男孩儿都穿些什么以及你儿子适合穿什么。穿着得体很重要,它能帮助孩子成功融入同辈的社交群体。

兄弟姐妹

谨记,患有自闭症的孩子的兄弟姐妹也有自己的需求,为了营造健康的家庭氛围,父母也要考虑这些需求。其他兄弟姐妹可能会担心自闭症孩子的病情或者嫉妒父母给他的关注。他们也许不得不照顾自闭症同胞,或者在同龄人不了解自闭症的社区提供不同程度的帮助,这些可能都会导致他们的不满。另外,其他兄弟姐妹还会因为自己的职责感到内疚或生气,也会因为父母照顾自闭症同胞而产生被忽视的感觉。

而实际上事情还有另外一面,成功适应这些挑战的兄弟姐妹可能更忠诚,更有责任感,更有同情心,更加成熟。一种有用的方法是,让自闭症儿童的兄弟姐妹参与病情的研究或者让他们承担一部分工作,这样他们会感到自己是团队的一员。此外,寻找一些所有孩子都感兴趣的活动,比如观看喜欢的电视节目或者玩某个电子游戏,这样可以在自闭症孩子和其兄弟姐妹之间建立特殊的情感联结。

许多学校也有兄弟姐妹应援团体,其他各地的自闭症组织也开办了类似团体。

拥有一个自闭症兄妹除了面临许多挑战,也有很多好处:

- 与自闭症兄妹一起长大意味着更有勇气去成长。能够学会什么是真正的挑战,以及如何勇敢面对挑战。
- 从小就学会了成熟,需要扶持帮助自己的自闭症兄妹也使得孩子们比实际年龄更聪慧,并且比同龄人更有同情心。
- 无论是面对交流困难还是其他感官和社会问题,都能学会以独特的方式看待世界,这往往使他们比同龄人更具创造性和包容性。

♥

兄弟姐妹应该有自己的安全空间,当家长需要安抚情绪崩溃的自闭症孩子时,他们能够躲开(有地儿可待)。当一切平静下来,你要去找他们,帮助他们理解刚刚发生了什么。

♥

兄弟姐妹也还是孩子!不要指望他们成为自闭症孩子的兼职父母。他们可以提供帮助,但是他们要以自己的方式提供帮助,比如与自闭症儿童一起玩耍或教他如何玩。不要把兄弟姐妹当作是自闭症孩子的保姆。

举行派对时,请家庭成员都来帮忙。组建一个轮换小组,每个人照顾自闭症孩子半个小时,这样父母和其他孩子就可以放松享受一会儿,自闭症孩子也能远离派对的嘈杂。

可以考虑加入一个家有自闭症兄妹的支持小组。如果家附近没有这样的组织,也可以参考一些相关书籍。

计算机时间

手机应用程序!在 iPhone、iTouch 和 iPad 上运行的应用程序为自闭症孩子提供了一系列选择。目前已有几百个与自闭症相关的应用程序,只需在应用程序商店中搜索"自闭症"就可以找到它们。其中最受欢迎的产品包括:Proloquo2Go™、Autismate、Avatalker(这些都是功能全面的沟通工具),此外还有 Is that Gluten free、Learn to Talk、iPrompts ®、ABA flash Cards 和 imean(imean 可以将整个 iPad 屏幕变成一块大键盘,上面还有文本显示)。

如果电脑键盘离屏幕很近,一些自闭症儿童和成人患者将会更容易学习。因为这样他们能够同时看到键盘和屏幕。如果敲击键盘之后还要抬头看屏幕,有的人会很难记得自己要打些什么。

——Temple Grandin,PhD,author of *Thinking in Pictures* and *The Way I See It*;www.autism.com/ind_teaching_tips.asp

Temple Grandin 经常说,让孩子漫无目的地长时间玩电脑不是什么好事情。家长希望的是培养他们的电脑技能,以便增加以后就业和工作的可能性。为了达到这一目标,Temple 建议找一个老师每周来授课一次，教孩子不同的电脑技能，为以后的就业做好准备。

——Chantal Sicile-Kira

寻找保姆或佣人

与大多数服务一样，我是从其他家长那里打听到最好的保姆和佣人的。你也可以在你儿子的学校、露营小组或游戏小组四处打听。很多时候，那些儿童工作者都可以提供居家服务，既可以进行治疗，也可以只是在你休息一晚的时候看着孩子。

♥

查看当地的大学，这些大学通常会在相应学院，特别是特殊教育学院发布你的保姆需求。你也可以加入家长团体，如 NAA 和 TACA 等组织，这将为您提供有价值的家长联系。

♥

公共医疗补助有两个项目，都对家庭护理有所帮助。一个项目是社区康复，社区工作人员会上门教授具体技能，如：洗澡和做家务等。上门服务时间和服务范围每个州各有不同（因为公共医疗补助是一个州项目），但是通常你每周可以享受 12 小时服务，分 3 天进行。噢，我是不是还没有说明这个项目是免费的？另一个项目叫做休整项目，也是上门服务。这基本上说的就是保姆，每周可以提供 6—12 个小时免费服务，也是很可观的。很多情况下，这些项目都要排很长的队，所以你要尽早申请。另外，如果你有合适的保姆人选，可以直接把他的资料提交给医疗补助中心，这个项目会直接付给他费用。这样可以很大程度地减少等待时间。

日常焦虑

儿童焦虑？最近的研究表明，许多自闭谱系障碍患者的自主神经系统（ANS）存在不平衡，导致了感觉障碍。在这些情况下，儿童可能会有恶心、心跳加速和眩晕的情况。偏头痛往往尤其突出。这些问题大多是免疫系统压力过大造成的。要缓解这个问题，可以修复免疫系统（我们可以把这个问题交给医生或者医疗系统来处理），并平衡自主神经系统。

有许多易于实施的策略可以帮助平衡孩子的自主神经系统：

- 最好是在睡觉两个小时之前关掉电子设备/电视机；可以利用这个时间来阅读。
- 保证充足的睡眠，每天至少 8 小时。
- 锻炼：目标是每天 30 分钟或至少每隔一天 30 分钟。包括步行。
- 学习：接受新的信息有助于锻炼大脑。Lumosity（锻炼脑部相关的记忆以及注意力的英语游戏网站）是一种有趣的方式，你也可以自己开发一些与此类似的活动。
- 避免接触有化学添加剂的食物、家具和美容产品（具体建议在下面）。
- 积极性。无论做什么事情，保持积极是关键。
- 聆听优美柔和的音乐。如果你安装了有线电视，可以调到音响频道。

- 亲近大自然：最好将这一活动与上面的锻炼结合起来，每天都要尝试带孩子在自然中度过一些时间。即使只是在后院、海滩或公园里赤脚行走。

消除化学接触

如今在日常生活用品中有许多有毒物质，尝试消除这些有毒物质本身就是一项艰巨的工程。确实，这是一个不断改进的过程。随着时间的推移，你将学会如何发现毒素，下面所罗列的这些只是一个开始。

- 在家庭和办公室的日常清洁中避免使用所有有害的化学清洁剂，一定要使用美国环境保护署标记为"一级"的清洁产品。要记得把洗衣液和洗碗剂加入你的环保用品清单。尽量避免使用有毒的干洗剂。
- 通过有针对性地补充维生素来改善营养，包括必需的Omega-3脂肪酸、维他命B-12、叶酸、维生素D3、锌和抗氧化剂。
- 食用有机的、无激素的食物，避免食用含有味精或食用色素的鱼或食物。
- 喝有机绿茶、过滤水和富含抗氧化剂的有机果汁，同时避免饮用苏打水、碳酸饮料和酒精。如果你想喝可以补充能量的饮品的话，绿茶是最好的选择。
- 使用甜菊糖、原始有机蜂蜜和木糖醇作为甜味剂。避免使用任何人造甜味剂。

- 每天散步并沐浴阳光。
- 化妆品：使用无铝天然除臭剂、纯天然染发剂，避免使用含有羟基苯甲酸酯的保湿剂或化妆品。同时，还要避免使用化学染料、避免烫发或其他处理头发的方式。
- 在家中只使用无化学添加剂的清洁产品，并避免使用杀虫剂或化学药品处理草坪。
- 检查纸巾。许多商业品牌都会使用漂白剂增白，所以要尽量使用环保品牌。

第10章

最后的建议

道恒无为，而无不为。

——老子

活在当下

在这最后一章里，我想分享作为 Alex 的父亲这些年来获得的一些建议和信息。这些不仅仅是建议本身，而更类似于能够在整个人生旅程帮助到你的东西，但愿它们对你有帮助。

允许你的自闭症儿子是一个孩子

对你和孩子来说，休息时间十分重要。在这本书中，我列出了许多治疗方法和活动，但也请记得要时不时地休息一下。每天的休息时间是很重要的。休息时，可以让孩子每周自己挑选一到两个休闲活动。赋予孩子选择自己感兴趣的事情的权利，包括远离日常环境的旅行。

接触地面

接触地面可以定义为与土地零距离接触；想象一下赤脚走在草地或沙滩上。显然，当我们与地面接触时，我们会接收到电子，电子具有抗氧化作用,有助于我们的免疫系统发挥最佳的作用,这对我们身体是有益的。有一些高科技的方法可以达到同样效果(可以在网上搜索 Grounding),但我还是更倾向于选择户外散步。对于我上面提出的放松活动来说,接触地面可能是个不错的选择。

渡过艰难时期

每个人都经历过艰难时期,尤其是白闭症儿童的父母,但是我们最终都能渡过这些时期。可总有些人似乎渡过得更容易而且变得比以前更坚强。其中的秘诀在于活在当下,保持平衡的心态。以下是一些帮你保持心态平衡的建议,希望下次遇到挑战时你能够记得。

- "无论你认为你能不能做到——你都是正确的。"亨利·福特的这句话有很多版本,但都有异曲同工之妙。当你认为这是个问题的时候,这就是个问题,一切都取决于你的心态。如果你把挑战看成是问题的话,你就会产生消极的想法和情绪,这些都是无益的,而且会导致消极的结果。但如果你把挑战看成是你可以从中学习的机会,问题自然就会消失不见。

- "顺其自然"。我不知道这句话的确切出处,但我在华尔街的那段日子经常听到。其中一个版本可能来自于佛教的教义,从中我们了解到反抗带来痛苦。所以痛苦只发生在我们拒绝接受事物本来面貌的时候,但这并不意味着我们要听之任之。事实上,佛教中这一教义的后半部分是:当你能够改变一些事情时,就行动吧。然而,如果无力改变现状,就不要心生执念,郁郁寡欢。

- "如果你想要生活改变,你就要去改变生活。"这句话还有其他版本,但是都提醒我们在面对生活中的变化时要会逆向思考。如果我们想要改变环境、改变周围的事物,我们首先需要改变自己。因此主动采取行动吧。

- 拿破仑在他的著作《思考与致富》(*Think and Grow Rich*)中建议读者,从自己的字典中去掉"失败"一词。这不是一个坏主意。尽管成功看起来像是突然发生的,但在此之前已经有过许多次失败。发明灯泡的爱迪生说过:"我没有失败过,我只是发现了10 000条不成功的方法。"如果你要努力去改变一些事情,可能会时不时地失败,但你可以把每一次挫折都当作学习的机会。

- 我在本章前面提到过允许你的儿子做个小孩。在这个思想指导下,让自己快乐起来并去体验快乐。许多人似乎无法体验到快乐,而只是沉浸于他们眼前的问题。不快乐就成为了他们的标签,于是更多消极想法和负面的结果就出现了。所以要认识到这一点,时常地给自己一些快乐的时间,打破痛苦的模式。

- 糟糕的事情不会发生在你身上,同样,人们也不会对你"做不好的事情"。只是你自己认为你是受害者,是你自己创造出你的现状、你的体验和你的观点。你完全能够支配自己的想法以及对事物的看法。所以,在面临挑战的时候,抛开自己是受害者的想法,改变自己的观点。

- 当事情变得艰难时,要记住"即使天空乌云密布,太阳也不会消失,它仍然在云的另一边"(Eckhart Tolle)。要知道任何事情每天都有可能发生,包括奇迹。你一定认识一些克服了巨大困难的人;如果他们能，那你也可以。你只需要相信你能做到。只要你去做，就能够成功。

保持快乐

你肯定认识那些你提到他名字都会觉得很开心很快乐的人，难道他们天生就是如此吗？那他们是怎么做到的呢？显而易见，我是一个乐观的人，在我的经验中，那些总是快乐的人，无论遇到什么挑战，都能够做到不沉溺其中。那么，他们的做法和其他人相比有什么不同呢？他们又是如何生活的呢？

- 他们将精力集中于现在，但同时也计划和梦想着未来。如果一个人只专注于过去，那他就会感到沮丧。如果一个人只专注于将来，他们就会感到焦虑。因为幸福是自然状态下的平衡，只有活在当下，幸福才能实现。想想宇宙中的任何物体，所有的物体都在寻求平衡，无论是恒星还是单个原子。
- 他们不会费心去让别人喜欢自己，因为别人是否喜欢他们不重要，重要的是他们喜欢自己。
- 他们完成一件事情是出于自己的本心想去做，而不是他们必须去做。所以没有人能强迫他们去做某件事，不管外界怎么说，他们只做自己认为正确的事。
- 当被问到"他们在做什么"时，快乐的人不会用工作、头衔或其他自我驱动的反应来回答。他们会描述他们目前正在做或打算做的具体的事情，这些事情通常涉及更大的社会团体。当他们成功做成这些事情或者处于某个特殊位置时,他人也会尝试去做这些事情。总之,快乐的人主宰着生活,他们不受生活支配。

- 快乐的人爱他们的朋友,但不依赖朋友。他们保持完全独立以避免失望,因此也不会伤害友谊。
- 他们非常灵活,有能力适应任何环境或挑战。虽然他们可能在很长一段时间过着同一种生活,但他们完全有能力(毫不夸张)适应新机会或新挑战提供的其他地方、其他工作或者是其他环境。对他们来说这一切没有阻力,并且挑战就意味着机遇。
- 他们不是教条主义者。信仰是不断发展的,他们不评判别人的生活或信仰。他们觉得每个人都走在自己的道路上,他们只需要追寻那些能够在当下满足自己的真理。
- 他们不害怕死亡,因为他们知道死亡是不可避免的,死亡只是另一种形式的转变。如果宇宙中的所有物质都是真正的能量,那么能量就不能被摧毁,只能转化。这只是整个过程的一部分,对所有事物来说都是必须经历的。
- 最后,他们不会试图改变别人,而是尝试去理解他人并激励自己。

睡前活动建议

我们都知道睡眠的重要性,我在这本书中也从各个方面对睡眠进行了讨论。通常,睡前做的最后一件事或几件事情会影响我们的睡眠。在这里,我把良好的睡眠定义为能对第二天的情绪和精神有积极作用的睡眠。下面是一组睡前可以做的事，很多人认为这样做对促进睡眠很有帮助。

- 阅读。无论是一本关于自闭症的书，一本玄幻小说，还是一些科幻作品，没有什么能比睡前阅读更能让人睡得香甜。睡前阅读很容易做到，你可以和孩子一起完成（当孩子睡着后你可以自己阅读），这会让你进入放松的状态。同时可以将阅读与柔和的声音相结合，营造一个禅意的环境，以此来结束一天的生活。

- 冥想。几千年来，人们一直在用冥想来让心灵平静，让自己进入更深层次的境界。冥想在多元文化中已经存在了无数个世纪了，它一定是有意义的。你可以从简单的10分钟冥想开始。你可以先进行瑜伽练习，有很多免费的书和录像可以帮到你。冥想通常被描述为"意识放松的艺术"，这种引导训练是很好且很容易做到的，你可以将它列入你的日程计划。在我所列的这个表格中有任何你想要尝试的都可以积极尝试。

- 写日记。记录或仅仅是列出当天发生的事情，都可以让你自己放松下来。你可以写在纸上（电子版也可以，不过时间上要更提前一点），象征性地让你的意识休息一下，让潜意识接管这一活动。通常在醒来的时候，解决烦恼的办法会神奇地出现。把日记本放在床边，你可以随手把灵感记录下来。

- 列表。将你正在处理的事和需要第二天处理的事列个表，这样同样可以帮助你放松。正如我多次提到过的，我每天都有一个详细的电子表格或日志用以记录我和 Alex 的日常。睡前是整理这些表格和写日记的最佳时间。它也让人从所完成的事情中获得一定的成就感，并且对即将要去处理的事情有一个整体的想法。

- 关掉电子设备。是的，我指的是电视、通信设备、电子邮件和Facebook。上述的东西都是你很好的帮手，也可以节省时间，但也很容易浪费时间，影响睡眠。睡前的视觉刺激并不会帮助你获得成功的睡眠，所以睡觉前一小时请关闭所有的电子设备。
- 你需要一个上床睡觉的确切时间。如果睡眠时间不固定，你很难成功入睡。你需要确切的时间点，或者至少是一个开始睡觉的时间范围，这样你的身体才知道接下来要做什么。当然，对孩子也应该如此。理想情况下，你每天会在同一时间睡觉（周末也一样），并在第二天同样的时间醒来。我们每晚都在同一时间睡觉，但我会在周末的某一天多睡一会儿，以达到排毒的效果（本书其他地方也提到过，这个过程需要连续 12 个小时不吃东西）。

创建禁止事项列表

说"不"的能力，也被称为意志力，这种能力似乎是当今社会所缺少的。我发现通过锻炼可以提高你的意志力。创建一个禁止事项表格，把你想从生活中清除的事项列出来。从简单的事项开始，把它写在一个显眼的地方，当你有所进步时再添加新的事项。通过这个方法，改变将变得非常微妙而且可控。匆忙地列出一个内容广泛的列表并没有任何帮助（这种情况通常发生在人们节食的时候），因为你自己并没有获得帮助你维持好习惯的自制力。没有自制力就什么都没有，但好在如果一步一步坚持去做，自制力是可以培养的。请记住

第 10 章 最后的建议

在这一章开头我引用的老子的话："道恒无为,而无不为。"以下建议可以帮助你着手列出禁止事项表格。你可以从对你来说相对容易的事项开始,并制定规则来应对以后可能会出现的更困难的事项。

• 晚餐时,不要打开电子设备或电视,可以放一些舒缓的音乐作为背景。

• 每天的睡眠不要少于 8 小时。可以从每天 6 小时开始,然后慢慢往上加。

• 至少每两天进行一次健身活动,最终要实现每天都健身。

• 不要浪费时间在八卦和戏剧上;你自己的生活已经足够你应对了。

• 不要使用信用卡,除非你能保证每个月都还清。

• 不要吃经过加工的食品或"快餐"。

• 看电视的时间不能超过阅读的时间,看 YouTube 也算在看电视的时间里。

• 不要听或看带有负面情绪的节目。

• 不要匆忙行事。

结　语

尽管本书很"短",但里面有很多需要考虑和借鉴的建议。在借鉴和使用这些建议时,你可以尽量使事情简单化,同时也要把这个过程看作是可能会反复的：有些对你有用,有些则没用。请把那些对你有用的东西慢慢融入到你的日常生活中。

我希望你能在这本书里找到哪怕一条对你和你孩子生活都有积极影响的建议。请一定要写信告诉我们。我们也很想听听你有什么建议。请把你的建议告诉我们,我们会在下一版吸纳进去,也会送你一本免费的书(肯定是签名的)。你可以通过网站(www.psychologytoday.com/experts/ken-siri)给我留言,你也可以在"今日心理学"(Psychology Today)博客上阅读最新内容。

最后,请记住和自闭症儿童共度的时光需要你的耐心和乐观。没有人能预测你的孩子会走什么样的路,他们的前途同样宽广。请一步一步来,活在当下,享受每一天。

致　谢

感谢天马出版社（Skyhorse Publishing）的编辑 Joseph Sverchek 和 Maxim Brown，没有两位的帮助，我不可能完成本书，还要感谢 Chantal Sicile-Kira、Kim Mack Rosenberg、Mark Berger、Joseph Campagna、Temple Grandin、Cathy Purple Cherry 和 Lori McIlwain，他们都为本书出版做出了重要贡献，填补了我在知识和经验上的空白，使本书更加全面。

特别感谢 Alex 和我一直以来的朋友们，包括 Amanda、Alison、Tony、Kim、Peggy、Dara 和 Mark、Loren、Joe，以及 Jennifer、Alpin、Joey、Aaron、Lesly 和 Jennifer C 等 Calle Ocho 团队的成员。期待下一次的相聚！

感谢我的儿子 Alex，他使我的生活发生了许多积极的改变，唤醒了我对自我的认识，也在不断激励着我。

再见！
Ken

本书所有贡献者

Peggy Becker
Mark L. Berger, CPA
Joseph Campagna
Stephanie Cave, MD
Cathy Purple Cherry
Jennifer Clark
Valorie Delp
Karen Siff Exkorn
Mary Fetzer
Dr. Mark Frelich
Ruby Gelman, DMD
Temple Grandin
Stanley Greenspan

Laura Hynes
Markus Jarrow
Dr. Arthur Krigsman
Dr. Mary Jo Lang
Maureen McDonnell, RN
Lori McIlwain
Lavinia Pereira
Kim Mack Rosenberg
Chantal Sicile-Kira
Michelle Solomon
Lauren Tobing-Puente, PhD
Tim Tucker
Mitzi Waltz

相关资源

美国自闭症相关组织

今日自闭症护理与治疗！（Autism Care & Treatment Today!）

地址：19019 Ventura Blvd. Suite 200，Tarzana，CA 91356

电话：818 - 705 - 1625

信箱：Info@act-today.org

"今日自闭症护理与治疗！"是一个非营利组织，其使命是为那些无法负担得起治疗自闭症儿童以使其发挥全部潜能的家庭提供资金和支持。

促进成人自闭症患者的未来（Advancing Futures for Adults with Autism）

电话：917 - 475 - 5059

信箱：AFAA@autismspeaks.org

网址：www.afaa-us.org

"促进成人自闭症患者的未来"旨在向青少年和成人自闭症患者提供生活选择和发展机遇的相关信息，并促使其积极参与社区活动。

全球自闭症协作（Global Autism Collaboration）

地址：4182 Adams Avenue，San Diego，CA 92116

电话：619 - 281 - 7165

网址：www.autismwebsite.com/gac

"全球自闭症协作"汇集了经验最丰富的自闭症倡导组织，致力于推进自闭症研究，造福于当今所有自闭症患者及其家庭。

自闭症希望联盟(The Autism Hope Alliance)

地址:752 Tamiami Trail,Port Charlotte,FL 33953

电话:888-918-1118

信箱:info@autismhopealliance.org

"自闭症希望联盟"致力于帮助儿童和成人从自闭症中恢复过来,通过教育和资助为诊断为自闭症的家庭点燃希望,促进当前的进展。

自闭症唯一(AutismOne)

地址:1816 W. Houston Avenue,Fullerton,CA 92833

电话:714-680-0792

信箱:earranga@autismone.org

网址:www.autismone.org

"自闭症唯一"是一个非营利慈善组织,每年向10万多个家庭提供预防、康复、安全和改变方面的教育。

自闭症研究所(Autism Research Institute)

地址:4182 Adams Avenue,San Diego,CA 92116

电话:619-281-7165

媒体联系人:Matt Kabler

信箱:matt@autism.com

网址:www.autism.com

自闭症研究所致力于开展自闭症相关研究,并积极传播关于自闭症诱因、诊断和治疗方法的研究结果。

《自闭症科学文摘》(Autism Science Digest)

地址:1816 W. Houston Ave.,Fullerton,CA 92833

电话：714-680-0792

联系人：Teri Arranga（主编）

信箱：tarranga@autismone.org

网址：www.autismsciencedigest.com

《自闭症科学文摘》是医生、研究人员和专家型父母聚集在一起，讨论研究、治疗和康复的地方，是自闭症协会批准的第一本自闭症杂志。《自闭症科学文摘》秉承创办机构"自闭症唯一"（AutismOne）的基本理念，尊重自闭症父母的智慧，以最新的生物医学信息为特色，由备受信赖的临床医生和研究人员为新老读者撰写相关文章。

自闭症协会（Autism Society）

地址：4340 East-West Hwy, Suite 350, Bethesda, MD 20814

网址：www.autism-society.org

电话：301-657-0881，1-800-3AUTISM x 150

信箱：info@autism-society.org

自闭症协会致力于改善所有受自闭症影响的人的生活，通过提高公众对自闭谱系人群所面临的日常问题的认识，倡导为该类人群所有生命阶段提供适当的服务，并提供关于治疗、教育、研究和宣传的最新信息。

自闭症代言人（Autism Speaks）

地址：2 Park Avenue, 11th Floor, New York, NY 10016

电话：212-252-8584

信箱：contactus@autismspeaks.org

网址：www.autismspeaks.org

"自闭症代言人"致力于资助自闭症研究、传播相关信息,并为自闭症患者的需求提供代言。

金丝雀派对(The Canary Party)

信箱:admin@canaryparty.org

免费电话:855-711-5282

网址:www.canaryparty.org

电话:650-471-8897

"金丝雀派对"是一个为医疗伤害、环境毒素和工业食品受害者挺身而出的运动,旨在恢复自由和公民社会的平衡,并赋予消费者权利,让他们做出提升幸福生活的健康和营养水平的决定。

代际救援(Generation Rescue)

地址:19528 Ventura Blvd. #117,Tarzana,CA 91356

电话:1-877-98-AUTISM

网址:www.generationrescue.org

"代际救援"是由珍妮·麦卡锡成立的自闭症组织,主要致力于通过个性化支持的项目和服务,为受自闭症影响的家庭提供信息和帮助,而其志愿者则正在研究自闭症的病因和治疗方法。

援手(Helping Hand)

地址:1330 W. Schatz Lane,Nixa,MO 65714

电话:877-NAA-AUTISM(877-622-2884)

信箱:naa@nationalautism.org

网址:www.nationalautismassociation.org/helpinghand.php

"援手"是自闭症协会的一个项目,旨在为自闭症家庭提供财政援助。

孩子们当前喜欢运动（Kids Enjoy Exercise Now）

地址：1301 K Street，NW，Suite 600，East Tower，Washington，DC 20005

电话：866-903-KEEN（5336），866-597-KEEN（5336）（传真）

信箱：info@keenusa.org

"孩子们当前喜欢运动"是一个全国性的非营利志愿者组织，为有发育障碍和身体残疾的儿童和年轻成人提供一对一的娱乐机会，而不向他们的家人和照料者收取任何费用。"孩子们当前喜欢运动"的使命是通过非竞技活动培养运动者的自尊、自信、技能和才能，让年轻人即使面临最重大的挑战，也能实现他们的个人目标。

全美自闭症协会（National Autism Association）

地址：1330 W. Schatz Lane，Nixa，MO 65714

电话：877-622-2884

信箱：naa@nationalautism.org

网址：www.nationalautism.org

全美自闭症协会为自闭症研究和支持筹集资金，并提供诸如"援手"、"家庭优先"和"发现"等项目，以帮助自闭症家庭应对自闭症的特定需求。

全美自闭症中心（National Autism Center）

地址：41 Pacella Park Drive，Randolph，Massachusetts 02368

电话：877-313-3833

传真：781-440-0401

信箱:info@nationalautismcenter.org

网址:www.nationalautismcenter.org

全美自闭症中心是一个非营利组织,致力于为自闭症儿童和青少年提供可靠信息、推广最佳实践,并为家庭、从业者和社区提供全面的资源。

自闭症研究组织(Organization for Autism Research)

地址:2000 North 14th Street Suite 710,Arlington,VA 22201

电话:703-243-9710

网址:www.researchautism.org

"自闭症研究组织"成立于2001年12月,是7位创始人共同愿景和独特生活经历的产物。在这些自闭症儿童和成人的父母和祖父母的带领下,"自闭症研究组织"可以使用应用科学来回答父母、家庭、自闭症患者、教师和护理者每天面临的问题,而其他自闭症组织没有这种独特的关注点。

谨记安全(SafeMinds)

地址:16033 Bolsa Chica St. #104-142,Huntington Beach,CA 92649

电话:404-934-0777

网址:www.safeminds.org

"谨记安全"是一个致力于研究和认识汞与自闭症、注意力缺陷障碍等神经系统疾病之间关系的组织。

自闭症治疗论坛(Talk About Curing Autism)

地址:3070 Bristol Street,Suite 340,Costa Mesa CA 92626

电话：949-640-4401

网址：www.tacanow.org

"自闭症治疗论坛"为自闭症儿童提供医疗、饮食和教育的相关信息，该组织还拥有支持、资源和社区活动。

美国自闭症和阿斯伯格综合征协会(U. S. Autism and Asperger Association)

地址：P. O. Box 532, Draper, UT 84020-0532

电话：888-9AUTISM, 801-649-5752

信箱：information@usautism.org

网址：www.usautism.org

美国自闭症和阿斯伯格综合征协会为自闭症和阿斯伯格综合征患者提供支持、教育和资源。

解锁自闭症(Unlocking Autism)

地址：P. O. Box 208, Tyrone, GA 30290

电话：866-366-3361

网址：www.unlockingautism.org

"解锁自闭症"旨在寻找有关自闭症的信息，并将这些信息传播给自闭症儿童家庭；该组织还为自闭症研究和认识筹集资金。

美国自闭症相关网络组织

自闭症年轮(Age of Autism)

网址：www.ageofautism.com

"自闭症年轮"是一个在线博客,以每日新闻的形式推送自闭症相关内容,主要包括最新的自闭症研究进展和社区事件。

自闭症信息与研究基金会(Foundation for Autism Information & Research,Inc.)

地址:1300 Jefferson Rd.,Hoffman Estates,IL 60169

信箱:info@autismmedia.org

自闭症信息与研究基金会所属的"自闭症媒体"是一个非营利性基金会,致力于创建原创的、最新的和全面的教育媒体(视频纪录片),以向医学界和公众宣传自闭谱系障碍的最新研究进展及生物医学和行为疗法。

谢弗自闭症报告(Schafer Autism Report)

地址:9629 Old Placerville Road,Sacramento,CA 95827

信箱:edit@doitnow.com

网址:www.sarnet.org

"谢弗自闭症报告"是一份向公众宣传自闭症相关事宜的出版物,可以在网上找到。

推荐阅读

Adams, Christina, *A Real Boy*. Berkley Books, 2005.

Bailey, Sally, *Wings to Fly: Bringing Theatre Arts to Students with Special Needs* (Woodbine House, 1993) and *Barrier-Free Drama*.

Barbera, Mary Lynch, and Tracy Rasmussen. *The Verbal Behavior Approach: How to Teach Children with Autism and Related Disorders*. Jessica Kingsley Publishers, 2007.

Bluestone, Judith. *The Fabric of Autism: Weaving the Threads into a Cogent Theory*. The HANDLE Institute, 2004.

Bock, Kenneth, and Cameron Stauth. *Healing the New Childhood Epidemics: Autism, ADHD, Asthma, and Allergies: The Groundbreaking Program for the 4-A Disorders*. Ballantine Books, 2008.

Buckley, Julie A. *Healing Our Autistic Children: A Medical Plan*. Palgrave Macmillan 2010.

Casanova, Manuel F. *Brain, Behavior and Evolution* magazines, *Recent Developments in Autism Research* (Nova Biomedical Books, 2005), *Asperger's Disorder* (Medical Psychiatry Series) [Informa Healthcare, 2008], *Neocortical Modularity and The Cell Minicolumn* (Nova Biomedical Books, 2005)

Chauhan, Abha, Ved Chauhan, and Ted Brown, editors. *Autism: Oxidative Stress, Inflammation, and Immune Abnormalities*. CRC Press, 2009.

Chinitz, Judith Hope, *We Band of Mothers: Autism, My Son, and the Specific Carbohydrate Diet* (Autism Research Institute, 2007)

Davis, Dorinne S., *Every Day A Miracle: Success Stories through Sound Therapy*. Kalco Publishing LLC (October 6, 2004)

Davis, Dorinne. *Sound Bodies through Sound Therapy*. Kalco Publishing LLC, 2004.

Delaine, Susan K. *The Autism Cookbook: 101 Gluten-Free and Dairy-Free Recipes*. Skyhorse Publishing, 2010.

Fine, Aubrey, and Nya M. Fine, editors. *Therapeutic Recreation for Exceptional Children : Let Me In, I Want to Play*. Delta Society, 1996.

Fine and Eisen. *Afternoons with Puppy*. Purdue University Press 2008.

Fine, Aubrey. *The Handbook on Animal Assisted Therapy: Theoretical Foundations and Guidelines for Practice*. Academic Press, 1999.

Gabriels, R. "Art therapy with children who have autism and their families." *Handbook of art therapy*. Ed. C. Malchiodi. Guilford Press, 2003.

Grandin, Temple, *The Way I See It*. Future Horizons, 2011.

Goldberg, Michael J., with Elyse Goldberg. *The Myth of Autism: How a Misunderstood Epidemic Is Destroying Our Children*.

Skyhorse Publishing, 2011.

Gottschall, Elaine G. *Breaking the Vicious Cycle: Intestinal Health Through Diet*. Kirkton Press, 1994.

Gillman, Priscilla, *The Anti-Romantic Child*. Harper Perennial.

Grandin, Temple and Catherine Johnson. *Animals in Translation Using the Mysteries of Autism to Decode Animal Behavior*. Houghton Mifflin Harcourt, 2005.

Greenspan, Stabley and Wieder, Serena. *Engaging Autism: Using the Floortime Approach to Help Children Relate, Communicate, and Think*. Da Capo Press, 2006.

Greenspan, Stanley, with Jacob Greenspan. *Overcoming ADHD: Helping Your Child Become Calm, Engaged, and Focused—Without a Pill*. Da Capo Lifelong Books, 2009.

Grinspoon, Lester, *Marihuana Reconsidered* (Harvard University press 1971, 1977, and American archives press classic edition, 1994) and *Marijuana, the Forbidden Medicine* (Yale University press, 1993, 1997)

Heflin, Juane, *Spectrum Disorders: Effective Instructional Practices* (Prentice Hall, 2006)

Henley, D. R. *Exceptional children, exceptional art: Teaching art to special needs*. Worcester, MA: Davis Publications, 1992.

Herskowitz, Valerie. *Autism & Computers: Maximizing Independence Through Technology*. AuthorHouse, 2009.

Heflin, L. Juane. *Students with Autism Spectrum Disorders: Effective Instructional Practices*, Prentice Hall, 2007.

Hogenboom, Marga. *Living with Genetic Syndromes Associated with Intellectual Disability*. Jessica Kingsley Publishers, 2001.

Jepson, Bryan Jepson. *Changing the Course of Autism: A Scientific Approach for Parents and Physicians*. Sentient Publications, 2007.

Kaufman, Barry Neil. *Son Rise: The Miracle Continues*. H. J. Kramer, 1994.

Kawar, Frick and Frick. *Astronaut Training: A Sound Activated Vestibular-Visual Protocol for Moving, Looking & Listening*. Vital Sounds LLC, 2006.

Kirby, David. *Evidence of Harm: Mercury in Vaccines and the Autism Epidemic: A Medical Controversy*. St. Martin's Press, 2005.

Kranowitz, Carol Stock, *The Out-of-Sync Child*. Perigee, 2005.

Lansky, Amy L. *Impossible Cure: The Promise of Homeopathy*. R. L. Ranch Press, 2003.

Lewis, Lisa. *Special Diets For Special Kids I & II*. Future Horizons, 2001.

Levinson, B. M. *Pet-oriented Child Psychotherapy*. Springfield, IL: Charles C. Thomas. 1969.

Lyons, Tony. *1,001 Tips for the Parents of Autistic Girls: Everything You Need to Know About Diagnosis, Doctors,*

Schools, Taxes, Vacations, Babysitters, Treatment, Food, and More. Skyhorse Publishing, 2010.

Marohn, Stephanie. *The Natural Medicine Guide to Autism*. Hampton Roads Pub Co, 2002.

Martin, Nicole. *Art as an Early Intervention Tool for Children with Autism*. Jessica Kingsley Publishers, 2009.

Matthews, Julie. *Nourishing Hope for Autism: Nutrition Intervention for Healing Our Children*, 3rd ed. Healthful Living Media, 2008.

Maurice, Catherine. *Let Me Hear Your Voice: A Family's Triumph over Autism*. Ballantine Books, 1994.

McCandless, Jaquelyn. *Children with Starving Brains: A Medical Treatment Guide for Autism Spectrum Disorder*, 4th ed. Bramble Books, 2009.

McCarthy, Jenny and Jerry Kartzinel. *Healing and Preventing Autism: A Complete Guide*. Penguin, 2009.

McCarthy, Jenny. *Louder Than Words: A Mother's Journey in Healing Autism*. Penguin, 2007.

McCarthy, Jenny. *Mother Warriors*. Penguin, 2008.

Mehl-Madrona, Lewis, *Coyote Medicine* (Touchstone, 1998), *Coyote Healing* (Bear & Company, 2003) *Coyote Wisdom* (Bear & Company, 2005) *Narrative Medicine* (Bear & Company, 2007) and *Healing the Mind through the Power of Story: The Promise of*

Narrative Psychiatry (Bear & Company (June 15, 2010)).

Noble, J. "Art as an instrument for creating social reciprocity: Social skills group for children with autism." *Group process made visible: Group art therapy*. Ed. S. Riley. Brunner-Routledge, 2001.

Pereira, Lavinia, and Solomon Michelle, *First Sound Series* by Trafford Publishing.

Prizant, Barry, Amy Wetherby, Emily Rubin, Amy Laurent and P. Rydell. *The SCERTS Model: A Comprehensive Educational Approach for Children with Autism Spectrum Disorders*. Baltimore, MD: Paul H. Brookes Publishing, 2006.

Rimland, Bernard. *Infantile Autism: The Syndrome and Its Implication for a Neural Theory of Behavior*. Prentice Hall, 1964.

Rimland, Bernard, Jon Pangborn, Sidney Baker. *Autism: Effective Biomedical Treatments (Have We Done Everything We Can For This Child? Individuality In An Epidemic)*. Autism Research Institute, 2005.

Rimland, Bernard, Jon Pangborn, Sidney Baker. *2007 Supplement-Autism: Effective Biomedical Treatments (Have We Done Everything We Can for This Child? Individuality In An Epidemic)*. Autism Research Institute, 2007.

Robbins, Jim. *A Symphony in the Brain: The Evolution of the New Brain Wave Biofeedback*. Grove Press, 2008.

Rogers, Sally J. and Geraldine Dawson. *Early Start Denver Model For Young Children With Autism: Promoting Language, Learning, And Engagement.* Guilford Press, 2009.

Seroussi, Karyn. *Unraveling the Mystery of Autism and Pervasive Developmental Disorders.* Simon & Schuster, 2000.

Seroussi, Karyn and Lisa Lewis. *The Encyclopedia of Dietary Interventions for the Treatment of Autism and Related Disorders.* Sarpsborg Press, 2008.

Sicile-Kira, Chantal. *Autism Spectrum Disorders: The Complete Guide to Understanding Autism, Asperger's Syndrome, Pervasive Developmental Disorder, and Other ASDs.* Penguin, 2004.

Sicile-Kira, Chantal. *Adolescents on the Autism Spectrum: A Parent's Guide to the Cognitive, Social, Physical, and Transition Needs of Teenagers with Autism Spectrum Disorders.* Penguin, 2006.

Sicile-Kira, Chantal. *Autism Life Skills: From Communication and Safety to Self-Esteem and More —10 Essential Abilities Every Child Needs and Deserves to Learn.* Penguin, 2008.

Sicile-Kira, Chantal, *A Full Life with Autism.* Palgrave MacMillan, 2012.

Silva, Louisa. *Helping your Child with Autism: A Home Program from Chinese Medicine.* Guan Yin Press, 2010.

Silver, R. A. *Developing cognitive and creative skills through art*: *Programs for children with communication disorders or learning disabilities* (3rd ed. revised). New York: Albin Press 1989.

Siri, Kenneth, *1001 Tips for Parents of Autistic Boys*. Skyhorse Publishing, 2010.

Stagliano, Kim. *All I Can Handle: I'm No Mother Teresa: A Life Raising Three Daughters with Autism*. Skyhorse Publishing, 2010.

Theoharides, Theoharis C., *Pharmacology* (Essentials of Basic Science) (Little Brown and Company, 1992) *Essentials of Pharmacology* (Essentials of Basic Science) (Lippincott Williams & Wilkins, 1996)

Wiseman, Nancy D. *The First Year: Autism Spectrum Disorders: An Essential Guide for the Newly Diagnosed Child*. Da Capo Lifelong Books, 2009.

Wolfberg, Pamela J. *Play and Imagination in Children with Autism*, 2nd ed. Autism Asperger Publishing Company, 2009.

Woodward, Bob and Marga Hogenboom. *Autism: A Holistic Approach*. Floris Books, 2001.

Yasko, Amy. *Autism: Pathways to Recovery*. Neurological Research Institute, 2009.

Yasko, Amy. *Genetic Bypass: Using Nutrition to Bypass Genetic Mutations*. Neurological Research Institute, 2005.

图书在版编目(CIP)数据

写给自闭症儿童父母的101条小贴士:男孩篇/(美)肯·
西丽著;王庭照译.—上海:华东师范大学出版社,2019
ISBN 978-7-5675-9320-6

Ⅰ.①写… Ⅱ.①肯…②王… Ⅲ.①孤独症-儿童教育-
特殊教育 Ⅳ.①G766

中国版本图书馆 CIP 数据核字(2019)第 144684 号

写给自闭症儿童父母的101条小贴士:男孩篇

著　　者　Ken Siri
译　　者　王庭照
审　　校　王　丽
责任编辑　张艺捷
责任校对　王丽平
装帧设计　刘怡霖

出版发行　华东师范大学出版社
社　　址　上海市中山北路 3663 号　邮编 200062
网　　址　www.ecnupress.com.cn
电　　话　021-60821666　行政传真 021-62572105
客服电话　021-62865537　门市(邮购)电话 021-62869887
地　　址　上海市中山北路 3663 号华东师范大学校内先锋路口
网　　店　http://hdsdcbs.tmall.com

印 刷 者　上海盛通时代印刷有限公司
开　　本　890×1240　32开
印　　张　6.75
字　　数　131千字
版　　次　2019年10月第1版
印　　次　2019年10月第1次
书　　号　ISBN 978-7-5675-9320-6
定　　价　32.00元

出版人　王　焰

(如发现本版图书有印订质量问题,请寄回本社客服中心调换或电话 021-62865537 联系)